Michael Brie

Rosa Luxemburg neu entdecken

**Ein hellblaues Bändchen
zu »Freiheit für den Feind!
Demokratie und Sozialismus«**

VSA: Verlag Hamburg

www.vsa-verlag.de
www.rosalux.de/stiftung/ifg.html

Die Drucklegung wird finanziell gefördert von der
Rosa-Luxemburg-Stiftung.

Zitierte Schriften und verwandte Abkürzungen
Die Schriften und Briefe von Rosa Luxemburg sind nach den »Gesammelten Werken« (abgekürzt GW) und »Gesammelten Briefen« (abgekürzt GB) zitiert, die vom Karl-Dietz-Verlag in Berlin herausgegeben werden. Schriften von Marx und Engels (MEW) sowie Lenin (LW) werden nach den Werkausgaben zitiert, die gleichfalls vom Karl-Dietz-Verlag herausgegeben werden. Von großer Bedeutung sind auch die von Holger Politt unter dem Titel »Arbeiterrevolution 1905/06« 2015 im Karl-Dietz-Verlag herausgegebenen und übersetzten polnischen Schriften aus den Jahren 1904 bis 1908, die im Zusammenhang mit der Revolution im zaristischen Reich von 1905 stehen (abgekürzt AR), sowie Luxemburgs Schrift »Nationalitätenfrage und Autonomie« von 1908/09 (abgekürzt NA).

Alle Zitate wurden an die neue Rechtschreibung angepasst. Auf ein Personenregister wurde verzichtet. Es sei auf die zitierten Ausgaben der Werke von Rosa Luxemburg verwiesen, in denen sich weitergehende Informationen finden.

© VSA: Verlag 2019, St. Georgs Kirchhof 6, 20099 Hamburg
Alle Rechte vorbehalten
Druck- und Buchbindearbeiten:
Beltz Grafische Betriebe GmbH, Bad Langensalza
ISBN 978-3-89965-886-6

Michael Brie
Rosa Luxemburg neu entdecken

Michael Brie arbeitet als Referent für »Theorie und Geschichte des Sozialismus« am Institut für Gesellschaftsanalyse (IfG) der Rosa-Luxemburg-Stiftung.

Von ihm erschienen bisher die hellblauen Bändchen »POLANYI neu entdecken« (2015) und »LENIN neu entdecken« (2017); er gibt zudem bei VSA: die Reihe »Beiträge zur kritischen Transformationsforschung« heraus.

Inhalt

Vorwort 8

1. Zeige uns das Wunder! Wo ist dein Wunder? 13
Im Gefängnis – bei sich und der Welt 21
Das Wahr-Sprechen 24
Freiheit ist immer die Freiheit der Anderen 28

2. Die vernichtete Autorität von Engels und Kautsky 31
Wir sind wieder bei Marx – aber bei welchem? 31
Maximal- und Minimalprogramm 32
Abrechnung mit dem »Ersatz-Marxismus« 35

3. Die »fertige Marxistin« und die polnische Frage 39
Die Gründung der polnischen Sozialdemokratie
und ihre zwei Flügel 40
Luxemburgs Dissertation 48
Noch einmal die polnische Frage – 1908/09 54

4. Die Konzipierung revolutionärer Realpolitik 60
Neue Fragen an alte Antworten 61
Die Strategie der SPD von 1891 63
Bernsteins Totalrevision des Marxismus 66
Der Hammerschlag der Revolution 70
Die Einheit von Marxismus und Sozialismus 77

**5. Das elektrische Zeitalter der Plötzlichkeiten –
die russische Revolution von 1905** 79
Generalstreik, Organisationsdebatte
und politische Führung 79
Die erste russische Revolution –
Lehrstunde der Geschichte 86
Die Niederlage als Weg zum Sieg 94
Freiheit für den Feind 97

6. In der Defensive 99
Wider den Nichts-als-Parlamentarismus 99
Der Große Krieg und die Suche nach
einer strategischen Antwort 103

7. Das imperialistische Zeitalter
und die Akkumulation des Kapitals 108
»Hilf mir, aber schnell, folgendes Ideechen zu lösen ...« 108
Die Gesellschaft als kultureller Organismus 112
Kapitalismus als unmögliche Weltform 114
Politökonomische Grundlage einer neuen Strategie 120

8. Die Symphonie des demokratischen Sozialismus
von 1918 123
Streit unter Genossen 123
Nur in diesem Sinne gehört die Zukunft überall
dem Bolschewismus 127
Zu wenig Sozialismus, zu wenig Demokratie 130
Die erhoffte Harmonie der Kontrapunkte:
Sozialismus und Freiheit 134

9. Die Novemberrevolution –
ein gewaltsam abgebrochener Neubeginn 137
Sozialismus als Tagesaufgabe 137
Die programmatische Erneuerung und
die Gründung der KPD 141

Literatur 153

Ich widme dieses Buch
meiner Mutter
Sonja Brie
(1925 bis 2011)

Freiheit ohne Gleichheit ist Ausbeutung.
Gleichheit ohne Freiheit ist Unterdrückung.
Solidarität ist die Quelle von Freiheit und Gleichheit.

Vorwort

»Die Humanität in unserer Gesellschaft wird sich auch danach bemessen, inwieweit wir das Erbe Rosa Luxemburgs in Ehren halten.« (Walter Jens)

Der Titel dieser Serie des VSA: Verlages »... neu entdecken« kann falsche Erwartungen wecken. Rosa Luxemburg ist kein vergessenes Land. In jeder historischen Stunde, wenn die eingefrorenen Herrschaftsverhältnisse aufbrechen, wenn Menschen über ihr Schicksal selbst bestimmen wollen, wird ihrer erinnert. Dies gilt auch heute, wo sich die Elemente von Barbarei und totalitärer Herrschaft, von Ausgrenzung und Ausbeutung zu machtvollen Tendenzen vereinigen und mehr als nur Gegenwehr notwendig ist – ein eigener Aufbruch.

Dieses Buch ist der Bericht über meine eigene neue Begegnung mit Luxemburgs Werk in den letzten 20 Jahren, in denen ich für die Rosa-Luxemburg-Stiftung gearbeitet habe. Mir persönlich stellte sich in dieser Zeit immer wieder die Frage: Welche Bedeutung hat Luxemburgs Werk für die heutigen Versuche, linke sozialistische Politik strategisch zu begründen? In welchem Verhältnis stehen die realen Ansätze dafür in Europa, Lateinamerika, den USA, in Afrika oder Asien zu Positionen, die Luxemburg vor über 100 Jahren vertreten hat? Luxemburgs Akkumulationstheorie, ihr Verständnis von Massenaktion, Demokratie und Freiheit, Kritik von Staatsparteidiktatur und Beteiligung von Sozialisten an bürgerlichen Regierungen, aber auch ihre eigene, sehr persönliche Haltung in diesen Konflikten haben immer neue Wellen von Publikationen ausgelöst. Auf einige wenige werde ich im Weiteren verweisen. Ich muss meinen Kolleginnen und Kollegen, den Freunden, den Genossinnen und Genossen danken, mit denen ich über viele Jahre immer wieder über das Werk von Rosa Luxemburg sprechen konnte. Einige wenige seien genannt: Lutz Brangsch, Judith Dellheim, Frigga Haug, Holger Politt, Jörn Schütrumpf und Evelin Wittich.

Mein eigenes Herangehen in diesem »hellblauen Bändchen« ist durch die Fragen geprägt, die mich angesichts der Spaltungen der Linken, verbreiteter Ohnmacht, versuchter Neuformierung vor allem bewegen. Wie schon in meinen Büchern über Karl Polanyi und Wladimir Lenin in derselben Reihe interessiert mich vor allem *der strategische Gebrauchswert* von Luxemburgs Werk und nicht diese oder jene ihrer politischen Auffassungen oder theoretischen Einsichten für sich genommen. Eines stand für mich dabei im Mittelpunkt: Die wichtigste Frage linker Politik war für Luxemburg das *Wie* der Verbindung von sehr konkreten Kämpfen zur Durchsetzung der alltäglichsten Interessen mit dem Ziel einer sozialistischen Umwälzung der Gesellschaft. Hier war für sie die Scheidelinie zwischen einer Politik, die sich den Verhältnissen anpasst, und jener, die auf ihre befreiende Umgestaltung gerichtet ist.

Im vorliegenden Buch versuche ich, den Prozess strategischen Lernens bei Rosa Luxemburg nachzuverfolgen. Es ist vor allem als Einführung in ihr Wirken unter dem Gesichtspunkt der Strategiefindung und politischen Haltung gedacht. Ziel ist es, sie selbst sprechen zu lassen. Es ist nicht falsch, dieses Buch auch ganz einfach als Rosa-Luxemburg-Lesebuch zu verstehen für jene, die nicht die Muße haben, sich durch die sieben bisher veröffentlichten Bände ihrer Werke, davon zwei Doppelbände, die übersetzten polnischen Schriften und die sechs Briefbände hindurchzuarbeiten. Die ausführlichen Zitate sollen dabei helfen.

Im widersprüchlichen Ganzen des Werks von Luxemburg liegt m.E. die Wahrheit und nicht in diesem oder jenem ihrer Sätze. Und diese Wahrheit ist konkret, reibt sich an den realen Gegensätzen, ist mit diesen behaftet. Luxemburg wollte emanzipatorische Handlungsfähigkeit in zunehmend finsteren Zeiten herstellen. Sie kämpfte dabei gegen Ohnmacht und Verzweiflung an, zeigte auf, wo Möglichkeiten entstanden, dass die Arbeiterinnen und Arbeiter, die Massen, wie sie es nannte, im eigenen Interesse, ausgehend von eigenen Einsichten, mit selbst geschaffenen Formen der Organisation ihre Angelegenheiten in die eigenen Hände nehmen können. Zur konkreten Wahrheit gehört auch, dass durch diesen unbändigen Willen, solidarische Emanzipation zu befördern, auch die Fesseln erkennbar werden, die überkommene Denk- und Verhaltensweisen, Organisationsstrukturen und Kulturen darstellen. Es wird deutlich, wie schwierig es ist, neue zu schaffen. Ihr eigener letzter großer Versuch, die Gründung der Kommunistischen Partei Deutschlands, legt davon Zeugnis ab.

Rosa Luxemburg war weder vor allem Theoretiker wie Marx noch Parteiführer wie Bebel oder Lenin. Ihr Wirkungsfeld war vor allem journalistisch und als Rednerin. Wie sie auf einem Parteitag der SPD ausführte: Das »einzige Gewaltmittel, das uns zum Siege führen wird, ist die sozialistische Aufklärung der Arbeiterklasse im alltäglichen Kampfe« (GW 1.1: 239). Zwar hat sie wissenschaftliche Werke hinterlassen wie ihre Dissertation und ihre ökonomischen Schriften. In der polnischen Sozialdemokratie war sie auch als Parteiführerin aktiv und wurde 1918 zu einer Gründerin der KPD. Der Schwerpunkt ihrer Arbeit aber waren das geschriebene und das gesprochene Wort zu den Arbeiterinnen und Arbeitern. Sie wollte sie direkt erreichen und zum eigenen Handeln motivieren, ihnen helfen, auf der Höhe der Zeit zu agieren. Dem entsprach auch ihre Vorstellung von Führung: Es drückt ihr Selbstverständnis aus, wenn sie sagte, dass es nicht die Aufgabe einer sozialistischen Partei sei, per Kommando Massenhandeln auszulösen: »Pflicht ist nur, jederzeit unerschrocken ›auszusprechen, was ist‹ (dies ihr Lieblingsspruch von Ferdinand Lassalle – M.B.), d.h. den Massen klar und deutlich ihre Aufgaben im gegebenen geschichtlichen Moment vorzuhalten, das politische Aktionsprogramm und die Losungen zu proklamieren, die sich aus der Situation ergeben« (GW 4: 289).

Das Buch beginnt mit der Lebenshaltung von Rosa Luxemburg. Im Zentrum stand das »Aussprechen, was ist«. Es war für sie vor allem auch ein Aussprechen dessen, was sein soll. Und dieses Sollen hatte einen Maßstab – den der Menschlichkeit. Die ungeheure Ausstrahlung Luxemburgs – dies war für mich beim Durcharbeiten ihrer Schriften und Briefe die wirkliche »Entdeckung« – besteht darin, dass sie mit denen, die sie ansprach, eine sehr besondere Beziehung einging. Daraus resultierten ihre Sprache, ihr Gestus, ihre Haltung. Sie wollte, dass die, mit denen sie das Gespräch suchte, die Kraft entwickeln, ihr Leben selbst zu gestalten, Solidarität zu üben, Widerstand zu leisten – und dies aus freiem Entschluss, geboren in freier Rede miteinander, in völliger Offenheit und Kompromisslosigkeit. Was sie für sich selbst erkämpfte, auch im Gefängnis, in Verfolgung, wollte sie für alle – Freiheit. Aber Freiheit eben nicht als Beliebigkeit, sondern Freiheit als reiches Leben und in der Pflicht anderen gegenüber.

Anschließend gehe ich auf Luxemburgs Abrechnung mit der Strategie der SPD seit Aufhebung des Sozialistengesetzes 1890 ein, die sie während des Ersten Weltkriegs und danach vornahm. Sie sah in der theoretischen Begründung dieser Strategie eine Art »Ersatz-Marxismus«. Von dieser Abrechnung ausgehend wende ich mich dann jener Zeit zu, in der sie ihre prägende marxistische Schulung in der polnischen Sozialdemokratie erhielt, zunächst in Warschau und dann im Exil in Zürich. Mit ihrer Doktorarbeit suchte sie, die sozialdemokratische Strategie der mit von ihr gegründeten Partei SDKPiL (Sozialdemokratische Partei Polens und in Litauen) zu begründen. Ich fasse an dieser Stelle auch kurz ihre Haltung in der »polnischen Frage« zusammen. Es folgt eine Auseinandersetzung mit ihren Positionen im Revisionismusstreit ab 1898 und eine Skizze zentraler Elemente dessen, was sie revolutionäre Realpolitik nennt.

Angesichts der politischen Stagnation in der deutschen und westeuropäischen Sozialdemokratie nach 1900 und im Zusammenhang mit der russischen und polnischen Revolution von 1905, so suche ich anschließend zu zeigen, war Luxemburg bestrebt, ein offensives Konzept revolutionärer Realpolitik zu entwickeln, in dessen Zentrum der Massenstreik und andere Formen der direkten Massenaktion standen. Die Fixierung auf bloß parlamentarische und gewerkschaftliche Kämpfe und Agitation sollte aufgebrochen werden. Danach gehe ich auf die Defensive ein, in die die Linke in der SPD nach 1905 geriet. Es folgt eine Darstellung von Luxemburgs großem Werk »Akkumulation des Kapitals« und seiner Bedeutung für linke Strategien. Schließlich gehe ich auf ihre Auseinandersetzung mit den Bolschewiki ein, die im November 1917 die Macht in Russland übernahmen. Ihre berühmte Schrift »Zur russischen Revolution« bringt in meinen Augen die Widersprüche ihres Sozialismusverständnisses auf den Punkt und treibt sie an ihre Grenze. Keine zehn Wochen verblieben Luxemburg nach ihrer Entlassung aus dem Gefängnis, um praktisch-geistig in die deutsche Revolution einzugreifen.

Rosa Luxemburg hat uns etwas hinterlassen, was wichtiger nicht sein kann: Die Aufgabe, auf menschliche Weise die Welt menschlicher zu machen. Uns hat der Strom der Geschichte – durch die Mauern selbstverschuldeter Unmündigkeit hindurchbrechend – auf neue Große Fahrt mitgerissen. Ob wir es wollen oder nicht, nehmen wir die Geschichte mit.

1. Zeige uns das Wunder! Wo ist dein Wunder?

»Einmal fragst Du mich, was mir fehlt. Eigentlich das Leben!«
(GB 1: 159)

Rosa Luxemburg war eine begeisterte Botanikerin. Nicht nur hat sie in Zürich noch vor Sozial- und Geisteswissenschaften Biologie belegt, nein, ihr ganzes Leben ist geprägt durch die Anziehungskraft, die die freie Natur auf sie ausübte. Ihr Werk ist durchzogen von Metaphern wilder Landschaften und der Kraft des Lebens (siehe dazu ihr wunderbares Herbarium: Luxemburg 2016). Luxemburgs Visionen von Sozialismus sind der Natur entnommen – der Welt der Tiere und Pflanzen, der Berge und ungezügelten Ströme. Und auch sie selbst, ihr Denken und Wirken, entzieht sich einhundert Jahre nach ihrem Tod der kalten Klassifikation und erstarrenden Zuordnung. Weder in den geometrisch geordneten Gärten der Ideengeschichte des Marxismus-Leninismus noch in den hübschen Landschaftsgärten eines verflachten Liberalismus hat sie Platz. Rosa Luxemburgs Erbe ist wie wilde Natur. Es stört, weil es lebendig sich allen starren Regeln widersetzt. Das Erbe Luxemburgs wuchert immer von Neuem und zerbricht auch die härtesten Sarkophage mit jedem neuen Aufbruch von Menschen aus den Gehäusen ihrer Hörigkeit.[1] Worin aber eigentlich liegt die Sprengkraft ihres Werks?

Viele Politiker lassen sich auf *einen* Begriff bringen, Luxemburg aber ist ein Raum gelebter Widersprüche. Obwohl sie das persönliche Leben sorgsam abschirmte und sich bis in Kleinigkeiten ihre freien Räume bewahrte, waren dieses Leben und ihr politischer Aktivismus nur zwei Seiten ein und desselben erfüllten Lebens. Luxemburgs Welt- und Selbstverhältnis gehören un-

---

[1] Überhaupt gilt, was Peter Weiss schrieb: »Die verhärteten, unbeweglichen und unbewegbaren Sachwalter einer Ideologie stehen immer auf der Seite des Reaktionären, gleich, welchem Block sie sich zurechnen, ihre scheinbar konsequente, militante Haltung dient nichts andrem als der Konservierung eines überholten, abgestorbnen Ideenmaterials.« (zitiert in Gioia 1989: 9)

trennbar zusammen. Sie war immer wieder bereit, ihr Leben zu opfern – schon als Gymnasiastin, dann in der russischen Revolution von 1905/06, in russischen und deutschen Gefängnissen und in der Novemberrevolution. Und sie genoss das Leben – je älter sie wurde, umso bewusster und intensiver. Wer Luxemburg verstehen will, muss neben den Werken auch ihre Briefe lesen. Sie sind keine bloße Ergänzung ihrer Artikel und Bücher, sondern gleichwertig mit ihnen. Für Karl Kraus sind die Briefe aus dem Gefängnis ein »im deutschen Sprachraum einzigartige(s) Dokument von Menschlichkeit und Dichtung« (zitiert in Hetmann 1998: 6). In diesen Briefen erst wird deutlich, was ihr ein gelingendes Leben als Sozialistin bedeutete. Der Wechselbezug der politischen und theoretischen Schriften einerseits und der Briefe Luxemburgs andererseits spiegelt die Spannungen ihres Lebens, und wer diese nicht verstanden hat, hat nichts von Luxemburg verstanden. Ihr Leben kann man nicht allein an ihren Werken messen: Sie hat keinen Staat gegründet wie Lenin und kein Jahrtausendwerk wie Marx' »Kapital« geschrieben. Ihre politische Wirkung blieb begrenzt und ihre ökonomischen Schriften sind bedeutsam, aber gleichrangig mit denen einer Reihe anderer ihrer marxistischen Zeitgenossen.

Misst man Luxemburg an dem, was ihr Werk unmittelbar bewirkt hat, verfehlt man ihre wirkliche nachhaltige Bedeutung, denn es gibt etwas, was Luxemburg weit heraushebt – ihr Leben selbst. Das »Hauptwerk« von Luxemburg, und nicht nur das philosophische, ist »das von ihr geführte exemplarische Leben« (Caysa 2017: 38). Das Genie Luxemburgs drückte sich in diesem Leben aus. Es war zugleich hochpolitisch und hochpersönlich, mit existenzieller Konsequenz praktisch eingreifend und theoretisch reflektierend, den Massen zugewandt als begnadete Journalistin und Rednerin und sich ganz auf sich selbst, Malerei, Musik, Pflanzen und Tiere zurückziehend. Immer wieder vertiefte sie sich »von morgens bis abends nichts« anderes machend – in das Schreiben, das Malen, die Botanik. Sie war dann wie im Rausch (GB 5: 74, 234). Kurz darauf wieder jagte sie von einer Massenkundgebung zur anderen. Dies war kein Nebeneinander, sondern intensiv gelebte, sich wechselseitig verändernde Gegensätze. Wie Walter Jens schrieb, versuchte sie, eine Existenz zu leben, »in der sich aus Privatperson und Zoon politikon ein harmonisches, von Selbst-Identität und offenem Weltbezug geprägtes Wesen ergäbe« (Jens 1995: 13). Luxemburg hat Sozialismus als solidarisch-emanzipatorische Bewegung in der Einheit von Änderung der Welt und Selbstveränderung in einer Weise gelebt, die beispielhaft bleibt.

Im November 1918, gerade aus dem Gefängnis entlassen, trat sie für die sofortige Abschaffung der Todesstrafe ein:

> »Blut ist in den vier Jahren des imperialistischen Völkermordes in Strömen, in Bächen geflossen. Jetzt muss jeder Tropfen des kostbaren Saftes mit Ehrfurcht in kristallenen Schalen gehütet werden. Rücksichtsloseste revolutionäre Tatkraft und weitherzigste Menschlichkeit – dies allein ist der wahre Odem des Sozialismus. Eine Welt muss umgestürzt werden, aber jede Träne, die geflossen ist, obwohl sie abgewischt werden konnte, ist eine Anklage, und ein zu wichtigem Tun eilender Mensch, der aus roher Unachtsamkeit einen armen Wurm zertritt, begeht ein Verbrechen.« (GW 4: 406)

Dieser doppelte Anspruch an Sozialismus, Tatkraft und Menschlichkeit war vor allem gelebter Selbstanspruch. Sie schrieb – über Sozialismus schreibend – zugleich über sich.

Die andauernde Ausstrahlung, die Rosa Luxemburg ausübt, ist vor allem ihr Leben selbst, zu dem sie sich befähigt hat – mit großer Entschiedenheit und noch größerer Konsequenz. Der griechische Philosoph Heraklit soll gesagt haben, dass es der Charakter des Menschen ist, der als »Dämon« bestimmt, ob Menschen ein gelingendes oder verfehltes Leben führen (Heraklit 2011: 325). Im Folgenden will ich skizzenhaft Konturen von Luxemburgs Lebensführung nachzeichnen, um ihren »Dämon« zu umschreiben – unter Stichworten, denn gerade hier verbietet sich jeder Versuch, Geschlossenheit anzustreben.

Liest man Luxemburgs politische und theoretische Schriften, muss man durch eine heute weitgehend abgestorbene Sprache des Marxismus der Zweiten Internationale dringen. Viele Schlüsselworte haben keine lebendige Entsprechung mehr oder sie muss erst wieder neu hergestellt werden. Die Selbstverständlichkeit, mit der sie von Arbeiterklasse oder Proletariat, von Reform und Revolution, von Partei und Sozialismus sprach, ist aus einer anderen Zeit. Aber dringt man durch diese Sprache hindurch, entschlüsselt man die Lebenswirklichkeit dahinter, dann entdeckt man den bleibenden Grund für ihre Ausstrahlung über ein ganzes Jahrhundert hinweg – ihre empathisch einfühlende Beziehung zur Welt. Sie hat in allem nach einem *Du* gesucht und die Welt als Du angesprochen. Die Kraft dieser Ansprache resultierte aus der Stärke ihrer eigenen Persönlichkeit, aus ihrer »Seele«. Gegenüber Leo Jogiches hatte sie 1899 in einem Brief bemerkt:

> »Namentlich die Form des Schreibens befriedigt mich nicht, ich spüre, dass mir ›in der Seele‹ eine ganz neue originelle Form heranreift, die sich nichts aus Formeln und Schablonen macht und sie durchbricht – natürlich nur durch die Kraft des Geistes und der Überzeugung. Ich habe das Bedürfnis, so zu schreiben, dass ich auf die Menschen wie der Blitz wirke, sie am Schädel packe, selbstredend nicht durch Pathos, sondern durch die Weite der Sicht, die Macht der Überzeugung und die Kraft des Ausdrucks.« (GB 1: 307)

Es gibt ein bleibendes Paradoxon: Luxemburg war sehend und blind zugleich. Sie hatte einen grenzenlosen Optimismus, wenn es um die Einsichtsfähigkeit der Arbeiterinnen und Arbeiter ging, ihre kapitalistische Abhängigkeit zu überwinden. Jeder einzelne Kampf schien ihr über das Jetzt und Hier hinauszuweisen. Das Einrichten im Gegebenen, die Selbstgenügsamkeit waren ihr unerträglich. Sie konnte hellsichtig die russische Revolution von 1905 als Ausdruck der lebendigsten Selbstorganisation und Selbstermächtigung von Menschen sehen und übersah fast völlig die unverzichtbare Rolle von fest gefügten Organisationen oder griff sie an als Herrschaftsinstrumente. Sie insistierte auf der Solidarität der Klassen über alle Grenzen von Nationalitäten und Rassen und Geschlechter hinweg und verweigerte sich deshalb gegenüber den besonderen »Judenschmerzen«, der Eigenständigkeit von Kämpfen gegen das Patriarchat oder gegen die Vormacht einer Nation über andere. Alles war für sie ein gemeinsamer sozialistischer Kampf, der keine Risse aufzeigen sollte. Deswegen findet man bei ihr aber auch kaum strategisch überzeugende Antworten darauf, wie man unter Anerkennung dieser Risse, ja Spaltungen, eine solidarische Politik verwirklichen kann über die Appelle an das Gemeinsame hinaus. Sie sah sich selbst als Idealistin, so sehr sie sich auf die ökonomischen Interessen berief.

Rosa Luxemburg war weder vor allem Stratege wie Lenin, Theoretiker wie Kautsky, Zweifler wie Bernstein, organischer Intellektueller wie Gramsci, sondern im ganz alttestamentarischen Sinne und doch sehr modern eine Prophetin – eine »Wegführende aus dem Sklavenhaus« (Veerkamp 2013: 53). Sie rief die untrennbare Einheit von Freiheit und Gleichheit, von Selbstbestimmung und Solidarität, von Mitgefühl und eingreifender Tat an. Beim Lesen von Gerhart Hauptmanns »Emanuel Quint« begegnete sie sich selbst, wie sie schrieb:

> »Kennen Sie die Christus-Bilder von Hans Thoma? So werden Sie in diesem Buche die Vision des Christus erleben, wie er schlank und von rötlichem Licht umflossen durch reife Kornfelder geht und um seine dunkle Gestalt rechts und links weiche Lilawogen über die silbernen Ähren fließen. Mich hat dort unter unzähligen anderen ein Problem gepackt, das ich sonst noch nirgends dargestellt fand und das ich aus eigenem Leben so tief empfinde: die Tragik des Menschen, der der Menge predigt und fühlt, wie jedes Wort in demselben Augenblick, wo es seinen Mund verlässt, vergröbert und erstarrt und in den Hirnen der Hörer zum Zerrbild wird; und auf dieses Zerrbild seiner selbst wird nun der Prediger festgenagelt und von den Schülern schließlich umringt und mit rohem Lärm umtobt: ›Zeige uns das Wunder! Du hast uns so gelehrt. Wo ist dein Wunder?‹« (GB 5: 185)

Luxemburg ging lebendige Beziehungen ein zu dem, was sie als ein Du ausmachen konnte, das ihr selbst entsprach. Deshalb gehörten ihr Ich und ihr Handeln, ihr Selbst und ihr Werk, ihre

Persönlichkeit und ihr Wirken untrennbar zusammen. Sie verschwand nicht dahinter, sie ordnete sich ihm nicht unter, sie verschmolz auch nicht mit ihm, sondern lebte die Widersprüche. Sie suchte in der Wirklichkeit das, was ihr selbst entsprach – die Lust, mit erhobenem Haupt die Welt menschlicher zu gestalten, die Radikalität, die ganze Emanzipation zu wollen, die Liebe, die den anderen ganz ergreift und im Innersten erfasst, die Schönheit, die in jedem Blatt, in jedem Vogelruf, in jedem Wohlklang liegt, die Idee, die eine neue Sicht auf die Welt offenbart. Was so auf ihre Anrufung antwortete, sah sie, war ihr ein Du im Gespräch. Alles, was ihr nicht als ein Du antwortete, war ihr verschlossen, waren Schatten einer zum Untergang verurteilten Welt. Wenn etwas ihr nicht lebendig und völlig wahrhaft erschien, stieß es sie ab. Überall in ihren Briefen finden sich Bemerkungen wie die: »Mir graut vor der Begegnung mit Menschen. Ich möchte nur unter Tieren wohnen.« (GB 3: 85) Ihr Ich sollte ihr nicht verlorengehen in dem Kontakt zur Außenwelt (GB 2: 290). Aus dem Gefängnis heraus schrieb sie im Krieg:

> »Was mich anbelangt, so bin ich in der letzten Zeit, wenn ich schon nie weich war, hart geworden wie geschliffener Stahl und werde nunmehr weder politisch noch im persönlichen Umgang auch die geringste Konzession machen.« (GB 5: 151)

Und zugleich gab es die Kehrseite höchster Verletzlichkeit, wie sie ihrem Freund Hans Diefenbach am 30. März 1917[2] schrieb:

> »Mitten in meinem mühsam aufgebauten schönen Gleichgewicht packte mich gestern vor dem Einschlafen wieder eine Verzweiflung, die viel schwärzer war als die Nacht. Und heute ist auch noch ein grauer Tag, statt Sonne – kalter Ostwind… Ich fühle mich wie eine erfrorene Hummel; haben Sie schon mal im Garten an den ersten frostigen Herbstmorgen eine solche Hummel gefunden, wie sie ganz klamm, wie tot, auf dem Rücken liegt im Gras, die Beinchen eingezogen und das

---

[2] Hans Diefenbach fiel im Oktober 1917 an der Front.

> Pelzlein mit Reif bedeckt? Erst wenn die Sonne sie ordentlich durchwärmt, fangen die Beinchen sich langsam zu regen und zu strecken an, dann wälzt sich das Körperchen um und erhebt sich endlich mit Gebrumm schwerfällig in die Luft. Es war immer mein Geschäft, an solchen erfrorenen Hummeln niederzuknien und sie mit dem warmen Atem meines Mundes zum Leben zu wecken. Wenn mich Arme doch die Sonne auch schon aus meiner Todeskälte erwecken wollte!« (GB 5: 195)

Luxemburgs oberster Grundsatz war: »stets ich selbst zu sein, ganz ohne Ansehen der Umgebung und der anderen«. Sie fügte hinzu: »Ich bin […] Idealist und will es bleiben, sowohl in der deutschen als auch in der polnischen Bewegung.« (GB 1: 323) Sie suchte in Anderen und der Welt, was ihrem Innersten entsprach. Wenn sie emphatisch über Sozialismus sprach, über den elementaren Erfindungsgeist von Menschen, die sich in Bewegung versetzt haben, über das, was eine Partei zu tun hat, über vorkapitalistische oder nachkapitalistische Gesellschaften – sie erfasste sie immer von der Seite, die sie begeisterte und bei ihr selbst erklang. Und wenn sie über den Tod in einem Armenhaus, von den Opfern des Kolonialismus oder des Kriegs, von einem geprügelten Büffel schrieb – sie drückte zugleich das eigene Leid aus. Sie spiegelte die Welt und spiegelte sich in der Welt. Es gab keine Schutz- und Trennwände zwischen ihr und der Welt. Aus dieser Unmittelbarkeit erwuchs ihre ungeheure Stärke – und Schwäche. Es ist geboten, sich auch der daraus hervorgehenden Grenzen ihres Denkens bewusst zu sein. Ihre Unbedingtheit stieß auf die reale Welt des Bedingten.

Nur wenige Beispiele für diese selektive Symbiose Luxemburgs mit der Welt, wie sie sie sah, sollen genügen. So schrieb sie, dass die »teuerste Hinterlassenschaft« von Marx die Verbindung zweier Gegensätze sei:

> »theoretische Vertiefung, um unsern Tageskampf nach dem festen Steuer des Prinzips zu lenken, und entschlossene revolutionäre Tatkraft, damit die große Zeit, der wir entgegengehen, nicht ein kleines Geschlecht finde« (GW 3: 184).

Es war dies ein Selbstporträt. Ihre Bewunderung für den politischen Massenstreik drückte sie in Worten aus, die dem entsprachen, was sie für ihr eigenes Wirken erhofft:

> »Aus dem Wirbel und Sturm, aus Feuer und Glut der Massenstreiks, der Straßenkämpfe steigen empor wie die Venus aus dem Meeresschaum: frische, junge, kräftige und lebensfrohe – Gewerkschaften« (GW 2: 118).

1915 schrieb sie über das Wirken in sozialistischen Organisationen:

> »Allein wir wären nicht wert, die nach freiem Menschentum dürstende Seele je an den Quellen des Sozialismus gelabt und neues Leben aus ihnen getrunken zu haben, könnte uns das alles und manches andere noch genügen, was die Stunde von uns fordert. Was wir für die Organisation und durch sie wirken, muss wie eine Schale bis an den Rand mit sozialistischem Geiste erfüllt sein. Dadurch erst und dadurch allein erhält er seinen wahren Sinn und seine höhere Weihe.« (GW 7: 936)

Sie sah sich als jemand, der diesem Geist Ausdruck verleiht. Ohne diesen Geist war ihr die Schale nur eine tote Hülle und persönlich eine Hölle. Ihre Bereitschaft, lieber Niederlagen, auch den eigenen Tod hinzunehmen, als nicht in Identität mit den eigenen Idealen zu leben, rührte her aus dieser direkten Einheit des Innersten ihrer Persönlichkeit und der weltumspannenden Bewegung, für die sie eintrat. Sie sah sich als »ein Land der unbeschränkten Möglichkeiten« (GB 5: 157) und suchte in der Wirklichkeit solche Bewegungen, solche Menschen, solche Gedanken und Formen, die ebenfalls die Grenzen zu sprengen suchten.

Gerade ihr Briefwechsel zeugt von der ständigen Arbeit an sich selbst, an ihren Beziehungen zu Freundinnen und Freunden, den Geliebten, unterbrochen von permanenter Selbstreflexion und auch Ermahnung anderer zu Wahrhaftigkeit und Standfestigkeit. Die stehende Redewendung in vielen ihrer Briefe ist: »Sei heiter!« Den Schicksalsforderungen zu widerstehen, hieß für sie, sich niemals für längere Zeit die Fähigkeit zu einem selbstbewussten, bejahenden und den Augenblick genießenden Leben nehmen zu lassen. Sie suchte die unmittelbarste Du-Beziehung – und sei es zu einer Hummel, einer Taube, einer Blüte, dem Geliebten, der Freundin, einer Landschaft, dem fahlen Schein des Mondes – und baute zugleich Distanz auf, um bei sich selbst zu sein. Wer in ihren Bann geriet, der erfuhr beides reichlich – die Freigebigkeit und die Abwehr. Alles dies kommt in dem Brief an Hans Diefenbach vom Januar 1917 zum Ausdruck, in dem sie schrieb:

> »Nun, ich sage Ihnen, Hänschen, wenn mir der beste Freund einmal sagen würde: Ich habe nur die Wahl, eine Gemeinheit zu begehen oder vor Leid zu sterben, dann würde ich ihm mit eisiger Ruhe antworten: Dann stirb.« (GB 5: 158)

Im Gefängnis – bei sich und der Welt

Der Charakter eines Menschen offenbart sich dann vor allem, wenn ihm der Schutzraum des Privaten entzogen wird. Gefängnisse sind solche Orte. Wer etwas über Nelson Mandela als Persönlichkeit erfahren will, muss Robben Island besuchen, die Gefängnisinsel, 12 km von Kapstadt entfernt im Atlantik, wo er 20 Jahre in einer vier Quadratmeter großen Zelle inhaftiert war. Rosa Luxemburg war schon vor dem Ersten Weltkrieg mehrfach eingesperrt gewesen. Während des Krieges war sie ein Jahr im »Weibergefängnis« in der Barnimstraße in Berlin und dann, nach kurzer Unterbrechung im Frühjahr 1916, als »Schutzhäftling« in Wronke und Breslau, von wo aus sie erst im November 1918 entlassen wurde. Sie verfasste in »unfreiwilliger Muße« (GB 5: 130) im Berliner Gefängnis u.a. die »Junius-Broschüre« und eine Auseinandersetzung mit der Kritik an ihrer »Akkumulation des Kapitals«, ihre »Antikritik«. Während der späteren Gefängniszeit übersetzte sie den ersten Teil der Erinnerungen des russisch-ukrainischen sozialrevolutionären Schriftstellers Wladimir G. Korolenko und schrieb eine Einleitung dazu, konnte viele Artikel nach außen schmuggeln und setzte sich nicht zuletzt mit der russischen Revolution auseinander. Den ersten Schock nach der Einweisung in das Berliner Weibergefängnis kommentierte sie so:

»Die russischen Gendarmen haben mich als Politische mit großem Respekt eskortiert, die Berliner Schutzleute hingegen erklärten mir, es sei ›schnuppe‹, wer ich sei, und steckten mich mit neun ›Kolleginnen‹ in einen Wagen. Na, das alles sind Lappalien schließlich, und vergessen Sie nie, dass das Leben, was auch kommen mag, mit Gemütsruhe und Heiterkeit zu nehmen ist. Diese besitze ich nun auch hier in dem nötigen Maße. Damit sie übrigens keine übertriebene Vorstellung von meinem Heldentum bekommen, will ich reumütig bekennen, dass ich in dem Augenblick, wo ich zum zweiten Mal an jenem Tage mich aufs Hemd ausziehen und betasten lassen musste, mit knapper Not die Tränen zurückhalten konnte. Natürlich war ich innerlich wütend über mich ob solcher Schwachheit und bin es jetzt noch. Auch entsetzte mich am ersten Abend nicht etwa die Gefängniszelle und mein so plötzliches Ausscheiden aus den Lebenden, sondern – raten Sie! – die Tatsache, dass ich ohne mein Nachthemd, ohne mir das Haar gekämmt zu haben aufs Lager musste. Damit ein klassisches Zitat nicht fehlt: Erinnern Sie sich an die erste Szene in ›Maria Stuart‹, als dieser die Schmucksachen weggenommen werden: ›Des Lebens kleine Zierden zu entbehren‹, sagt Marias Amme, die Lady Kennedy, sei härter als große Prüfungen zu ertragen. (Sehen Sie mal nach, Schiller hat es etwas schöner gesagt als ich hier.)« (GB 5: 47)

Genauso bemerkenswert wie ihre theoretischen und politischen Gefängnisschriften und Voraussetzung dafür, sie verfassen zu können, waren ihre Fähigkeit und Willenskraft, im Gefängnis *zu leben* und dies mit großer Intensität. Sie folge, so schrieb sie, einem Imperativ – »vor allem muss man jederzeit als voller Mensch leben« (GB 5: 177). Soweit es nur die Umstände und das Aufsichtspersonal und deren Leiter zuließen, bemühte sie sich erstens, auch das Gefängnis in einen Lebensort zu verwandeln, ihm unter widrigsten Bedingungen Züge von Heimat zu verleihen. Sie hat versucht, frühere Gewohnheiten fortzusetzen. Ihre Wohnungen waren ihr immer ungeheuer wichtig gewesen. Sie mussten ihr entsprechen – geordnet und möglichst naturnah.

Auch ihre Gefängnisräume wurden »wohnlich« gestaltet, soweit dies überhaupt möglich war. In Wronke legte sie einen Garten an und botanisierte weiter. Sie hielt, so sie konnte, immer einen disziplinierten Tagesablauf ein. Zweitens setzte sie ihren Dialog mit Freundinnen und Freunden fort, knüpfte neue Beziehungen. Was ihr an direkter Beziehung fehlte, überbot sie durch das intensivste briefliche Gespräch. Drittens blieb sie politisch aktiv, griff ein, suchte weiter, mit ihrem Wort Menschen zu erreichen und aufzuklären. Und viertens nutzte sie die Zeit für theoretische und kulturelle Reflexionen. Dank ihrer persönlichen Ausstrahlung konnte sie zumindest in Wronke wesentliche Vergünstigungen erhalten (siehe dazu die Erinnerungen des Gefängnisdirektors, Dr. Ernst Dossmann, in GW 7: 971 und 995).

In den Gefängnisbriefen schuf sie für sich und andere eine eigene Welt. Sie ermahnte sich gegen die Wut und Verzweiflung wieder und wieder mit den Worten:

> »Übrigens wäre alles viel leichter zu erleben, wenn ich bloß nicht das Grundgebot vergessen würde, das ich mir fürs Leben gemacht habe: Gut sein ist Hauptsache! Einfach und schlicht gut sein, das löst und bindet alles und ist besser als alle Klugheit und Rechthaberei.« (GB 5: 183)

Diese Briefe waren keine »Seelenergüsse«, sondern Selbstdarstellungen, nicht zuletzt gemacht, um sich selbst an ihnen aufzurichten und anderen Halt zu bieten. Es sind Kunstprodukte von reflektierter Unmittelbarkeit. Luxemburg arbeitete intensiv an Beziehungen zu denen »draußen«, schuf die sie umgebende oder auch die ihr jetzt ferne Welt literarisch um, um sie nicht nur ertragen, sondern in ihr leben zu können.[3] An Hans Diefenbach

---

[3] Ihre Freundin Luise Kautsky schrieb später über Luxemburg: »Wie sie, die große Lebenskünstlerin, es verstand, selbst dort in der strengen Haft ihr Dasein zu einem menschwürdigen zu gestalten, ja, wie sie es fertigbrachte, mehr Befriedigung, fast möchte man sagen, sogar ein größeres Maß von Glück aus diesem Dasein im Kerker zu schöpfen, als wir anderen in jenen schrecklichen Zeiten aus unserem Leben in der Freiheit, dafür legen ihre Briefe aus jenen Tagen ein beredtes Zeugnis ab.« (Kautsky 1929: 43f.)

malte sie kurz vor dessen Tod die Idylle einer Reise in die sommerliche Schweiz aus und schloss mit den Worten:

▌ »Herrgott, wie schön ist die Welt und das Leben!« (GB 5: 189)

Das Wahr-Sprechen

In ihren Reden und Artikeln wiederholte Luxemburg immer wieder: »Wie Lassalle sagte, ist und bleibt die revolutionärste Tat, immer ›das laut zu sagen, was ist‹.« (GW 2: 36, siehe auch die Fußnote in GW 7.2: 577 mit dem Quellennachweis bei Lassalle) Volker Caysa hat dies in das Zentrum der Lebenshaltung von Luxemburg gerückt. Dabei verwendet er den griechischen Begriff der Parrhesia, des frei Über-Alles-Sprechens. Dieser Begriff entstand zuerst mit der antiken Polis-Demokratie und wurde von Michel Foucault in seinen Vorlesungen am Collège de France 1982 bis 1984 ausführlich diskutiert. Wie Caysa über Luxemburg schreibt: »Im Mittelpunkt ihrer politischen Lebens(kunst-)Philosophie steht eine Politik der Parrhesia, des offenen, freien, gefährlichen Wahrsprechens, des schutzlosen, nicht herrschaftsgeschützten (in diesem Sinne machtgestützten) Wahrheit-Heraussagens unter Inkaufnahme existenzieller Gefährdungen. Sie verkündet die Wahrheit, ohne sich von der Angst um die eigene Existenz lähmen zu lassen – rückhaltlos, auf eigene Rechnung, (fast) allein und auch, wenn es nicht anders geht, ohne den Rückhalt der Partei, der Gemeinschaft, der sie angehört.« (Caysa 2017: 14)

Dieses Wahr-Sprechen hatte bei Luxemburg verschiedene Dimensionen. *Erstens* ergab sich daraus die Forderung, politische Räume zu schaffen und zu erhalten, in denen die Freiheit des Anders-Denkenden als höchstes Gut geschützt wird. Als Sprechender sollte auch der Feind unangetastet bleiben. Nur in dem Raum des Frei-Sprechens könnten sich Selbstermächtigung und Selbstbestimmung entfalten. Demokratie war für sie deshalb keine Durchgangsstufe und die Diktatur des Proletariats sollte geprägt sein durch »eine freie, ungehemmte Presse, … ungehindertes Vereins- und Versammlungsleben«. Wie sonst, fragte sie, soll denn »Herrschaft breiter Volksmassen« (GW 4: 358) möglich sein?

Zweitens ist Luxemburgs Wahr-Sprechen nicht mit unverbindlichem Gerede zu verwechseln. Foucault hob in seinen Vorlesungen über die Parrhesia vor allem die existenzielle Selbstverpflichtung der Wahr-Sprechenden hervor: »Der Parrhesiastiker, der von der *parrhesia* Gebrauch macht, ist der wahrhaftige Mensch, d.h. derjenige, der den Mut besitzt, das Aussprechen der Wahrheit zu riskieren, und der dieses Aussprechen der Wahrheit in einem Bündnis mit sich selbst riskiert, und zwar gerade insofern er der Verkünder der Wahrheit ist.« (Foucault 2010: 94) Die Wahrheit liegt zunächst einmal in der oder dem Sprechenden selbst. Es sind in erster Linie Selbstaussagen, verbürgt durch das eigene Tun.

Luxemburgs Vermächtnis liegt vor allem darin, dass sie sich den Widersprüchen des Lebens als Sozialistin mit äußerster Konsequenz stellte, bis über den Punkt hinaus, wo Konsequenz zur gröbsten Fahrlässigkeit wird und Tod bedeuten kann. Als der kaiserliche Staatsanwalt sie 1913 wegen möglicher Fluchtgefahr sofort in Gewahrsam nehmen wollte, rief sie am Ende ihrer Verteidigungsrede im Gerichtssaal aus:

> »Ein Sozialdemokrat flieht nicht. Er steht zu seinen Taten und lacht Ihrer Strafen. Und nun verurteilen Sie mich!« (GW 3: 406)

Dieses Zu-den-eigenen-Worten-Stehen zeichnete sie aus. Sie war auch in dieser Hinsicht radikal. Und nur dies machte sie zu einer würdigen Wahr-Sprecherin. Die Wahrheit ihres Sprechens lag in der Wahrheit ihres Lebens. Das Wahr-Sprechen war vor allem ein Ausdruck der im eigenen Leben verbürgten Wahrheit. Sie hielt es mit der Offenbarung des Johannes: »Weil du aber lau bist und weder kalt noch warm, werde ich dich ausspeien aus meinem Munde.« (Offenbarung 3: 16)

Drittens nimmt das Wahr-Sprechen den dadurch Angesprochenen in die Pflicht. Auch die Anderen sollen nicht lau bleiben. Dies galt für sie politisch wie menschlich. So schrieb sie an Kostja Zetkin, sich auf ihre »Junius-Broschüre« vorbereitend:

> »Heute war ich im Opernhaus Konzert, Beethovens Klavierkonzert war wunderschön. Während ich die Musik hörte, reifte

in mir wieder der kalte Hass gegen das Menschenpack, unter dem ich leben muss. Ich fühle, jetzt muss über das, was vorgeht, ein Buch geschrieben werden, das weder Mann noch Weib gelesen, auch nicht die ältesten Leute, ein Buch, das mit Keulenschlägen auf diese Herde einschlüge.« (GB 5: 28)

Sie wollte durch das Wahr-Sprechen andere zum wahren Leben auffordern, ja zwingen mit sprachlicher Gewalt. Und dies galt auch in persönlichen Beziehungen. In einem Brief an Leo Jogiches, ihren Lebenspartner, vom 21. März 1895 kann man lesen:

»Ach, du Gold! Weißt Du, ich habe sehr grausame Absichten! Wirklich, ich habe mir hier unsere Beziehungen ein wenig durch den Kopf gehen lassen, und wenn ich zurückkehre, so nehme ich dich so scharf in die Klauen, dass Du quiekst, Du wirst sehen! Ich werde dich völlig terrorisieren. Du musst dich unterwerfen, musst Dich ergeben und beugen, das ist die Bedingung für unser weiteres Zusammenleben. Ich muss dich brechen, deine Hörner abschleifen, sonst halte ich es mit Dir nicht aus. Du bist ein schlechter Mensch, dessen bin ich mir jetzt so sicher, wie dass die Sonne am Himmel steht, nachdem ich über deine ganze seelische Physiognomie nachgedacht habe. Und ich ersticke diese Wut in Dir, so wahr ich lebe, solche Halme dürfen nicht ins Kraut schießen. Ich habe ein Recht, das zu tun, denn ich bin zehnmal besser als Du, und verdamme ganz bewusst diese stärkste Seite deines Charakters.« (GB 1: 56f.)

Viertens war das Wahr-Sprechen bei Rosa Luxemburg Erzeugung einer wahren Realität – wahrer Beziehungen, wahrer Lebensformen, wahrer Politik, und sei es als Vor-Schein, wie Ernst Bloch es nennt. Ihre Sprachpraxis verstand sich als gelebte Antizipation dessen, was möglich ist, Wirklichkeit werden könnte, wenn Menschen in der Wahrheit leben. In ihrer Schrift »Zur russischen Revolution« formulierte sie gegen den entstehenden »Realsozialismus« bolschewistischer Prägung ihre Vision:

> »Das sozialistische Gesellschaftssystem soll und kann nur ein geschichtliches Produkt sein, geboren aus der eigenen Schule der Erfahrung, in der Stunde der Erfüllung, aus dem Werden der lebendigen Geschichte, die genau wie die organische Natur, deren Teil sie letzten Endes ist, die schöne Gepflogenheit hat, zusammen mit einem wirklichen gesellschaftlichen Bedürfnis stets auch die Mittel zu seiner Befriedigung, mit der Aufgabe zugleich die Lösung hervorzubringen.« (GW 4: 360)

Dieser Sozialismus wäre eine Gesellschaft lebendigster Vielfalt, die Rosa Luxemburg in ihrem innersten Gehalt nahe kommt, jener Rosa Luxemburg, von der Paul Levi 1922 schrieb: »Ihre im Tiefsten ausgeglichene Seele kannte keine Scheidungen und Wände. Ihr war das All ein lebendiger Prozess des Werdens, in dem nicht Hebelkraft und Sauerstoffbehälter das Walten der Natur ersetzen können, in dem das Kämpfen, Ringen, Streben der Menschen, in dem der große Kampf, der dem Einzelnen, der den Geschlechtern, der den Ständen, der den Klassen obliegt, die *Form des* Werdens war. In der sie drum nicht wollte, dass keiner kämpfe, weil alles von selber werde; in der sie den lebendigsten Kampf wollte, weil er die lebendigste Form des Werdens ist.« (Levi 1990: 223f.)

Fünftens erfolgte Luxemburgs Wahr-Sprechen aus dem Marxismus heraus. Wie Peter Nettl betonte: »Sie wusste den Marxismus lebendig zu machen, wie es weder Lenin noch Kautsky noch sonst einem Zeitgenossen gelang… Sie war total, wo Lenin selektiv; praktisch, wo Kautsky formal; menschlich, wo Plechanow abstrakt war.« (Nettl 1967: 24) Luxemburg hat die Widersprüche dieses Marxismus gelebt. Für sie war er weder die reine Lehre noch der Orden der Überzeugten, weder formalisierte Ideologie noch bloßes politisches Instrument, sondern Lebenspraxis und einzig mögliche – revolutionäre – Realpolitik. Luxemburg sah sich damit konfrontiert, wie sie 1903 schrieb, dass sich »ein gewisser drückender Einfluss Marxens auf die theoretische Bewegungsfreiheit mancher seiner Schüler nicht leugnen« (GW 1.2: 364) ließe. Es gäbe eine »peinliche Angst, um beim Denken ja ›auf dem Boden des Marxismus‹ zu bleiben« (ebd.). Dies könne in »einzelnen Fällen für die Gedankenarbeit ebenso verhängnisvoll … sein wie das andere Extrem – die peinliche Bemühung, gerade durch die vollkommene Abstreifung der Marxschen Denkweise um jeden Preis die ›Selbständigkeit des eigenen Denkens‹ zu beweisen« (ebd.). Das wirft natürlich auch die Frage auf, ob im Rahmen des Marxismus – oder welches Marxismus – die von Luxemburg gelebten Widersprüche produktiv ausgehalten werden können.

Freiheit ist immer die Freiheit der Anderen
Gegen jeden Opportunismus gewandt, forderte Rosa Luxemburg, dass Freiheit, damit sie wirkliche Freiheit ist und nicht der verdeckte Zwang zur Anpassung, die Freiheit der anderen als Andersseiende aktiv befördern müsse. In dieser Hinsicht nahm sie die modernen sozialen Bewegungen vorweg. Sie strebte nach einer lebendigen Welt, in der viele Welten Platz haben. Die Gleichheit in der Freiheit ist eine Gleichheit der Verschiedenen. Das Verhalten als freier Mensch, so verstand und praktizierte sie es, besteht genau darin, anderen die Möglichkeit zu geben, *als Andere frei* zu sein. Und bevor diese Freiheit ein Recht ist, ist sie ein Anspruch an eigenes Handeln, alle Verhältnisse von Ausbeutung und Unterdrückung – nicht zuletzt der Andersdenkenden – zu überwinden.

Es hat eben niemand Freiheit von Natur aus oder per Geburt. Die Würde des Menschen wie seine Freiheit sind antastbar und bedürfen des Schutzes. Niemand kann dauerhaft Rechte für sich durchsetzen, wenn er nicht so solidarisch ist, sie anderen zuzugestehen und tätig zu ermöglichen. Andernfalls werden er und sie zum Unterdrücker und Ausbeuter. Freiheit muss man vor allem geben, für andere erkämpfen und durchsetzen, um selbst frei sein zu können, oder sie ist nur geraubt oder gekauft.

Freiheit in Rosa Luxemburgs Verständnis ist unendlich weit vom marktliberalen Egoismus oder dem Selbstverwirklichungs-Kult entfernt. Freiheit, wie sie Rosa Luxemburg selbst als soziale Tugend praktizierte, war Kampf für die Freiheit der Anderen. Nicht jene Gesellschaft ist eine Gesellschaft von Freien, deren Bürgerinnen und Bürger sich nur gegen die eigene Unterdrückung wehren. Zu schnell, so lehrt die Erfahrung, sind sie dabei, andere zu unterdrücken, wenn Machtverhältnisse es erlauben und eigene Egoismen es als vorteilhaft erscheinen lassen. Nur jene Menschen sind wirklich frei, die sich gegen die Unterdrückung anderer auch dann wehren, wenn sie selbst von dieser Unterdrückung profitieren. In Luxemburgs Verständnis ist Freiheit ein Verhalten, das Verhältnisse konstituiert, durch die anderen die Bedingungen von Freiheit zur Verfügung gestellt werden. Dies betrifft gleichermaßen die Frage grundlegender Freiheitsgüter wie den Abbau jener Privilegien, die nicht zur Überwindung von sozialer Ungleichheit beitragen. Dies aber ist ohne die grundlegende Veränderung der Eigentums- und Machtverhältnisse und die Überwindung von Profitdominanz über Wirtschaft und Gesellschaft unmöglich. Deshalb war sie Sozialistin.

Nur jene Gesellschaft ist frei zu nennen, in der jede und jeder einzelne frei ist. Dies aber ist nur möglich, wenn die freie Entwicklung einer und eines jeden zur solidarischen Entwicklung aller beiträgt. Und nur Blindgläubige oder Zyniker können glauben, so Luxemburg, dass dies die »unsichtbaren« Hände des Marktes oder die »sichtbaren« Hände des Staates auch ohne unser Zutun besorgen würden. Dies genau hieße, bequem oder feige die Verantwortung für Freiheit an andere zu delegieren und damit unfrei zu werden. Politik war für Luxemburg in diesem Sinne immer widerständige Teilhabe an befreiender solidarischer Praxis.

Freiheit, Geld anzulegen, deren Bewegung zu einer totalitären Kapitalverwertung wird, die die Weltgesellschaft beherrscht und Reichtum wie Armut, Gesundheit und Krankheit, Bildung und Analphabetentum, Frieden und Krieg an gegensätzliche soziale Gruppen, Klassen, Völker und Erdteile verteilt, war für Rosa Luxemburg grausame Unterdrückung. Freiheit, die darin besteht, dass wenige Prozent der Weltbevölkerung die große Masse der globalen Ressourcen verbrauchen, hat sie als brutale Herrschaft gebrandmarkt. Die hochgerüstete »freiheitliche Weltordnung« war für sie militaristische Imperialpolitik. Die jetzt neu durchgesetzte Freiheit, sich die genetischen Kodes und die Wissensbestände als privates Eigentum aneignen zu dürfen, hätte sie als verbrecherischen Raub gegeißelt. Die Vernichtung der biologischen Vielfalt dieser Erde hätte sie, die mit jedem geschundenen Tier und jeder zertretenen Pflanze litt, als Barbarei verflucht.

Es gehört zu den hartnäckigsten Vorurteilen der liberalen Gesellschaften, Freiheit stünde im Gegensatz zu Gleichheit und Gerechtigkeit. Rosa Luxemburgs Verständnis von Freiheit hat Solidarität als Grundlage. Nur die, die anderen ein freies Leben ermöglichen, handeln gerecht. Ein solcher Begriff von Freiheit, der in der Solidarität gründet und auf Gleichheit in der Freiheit des Verschiedenen zielt, ist nicht nur extrem kritisch gegenüber der Verwandlung von Freiheit in die Barbarei privilegierter Nutznießung sozialer Vorrechte, sondern gleichzeitig gegen alle gesellschaftlichen Strukturen und die sie garantierenden Herrschaftsverhältnisse gerichtet, die diese Barbarei erst ermöglichen. Das von ihr immer wieder gebrauchte Wort »Sozialismus oder Barbarei« könnte auch »Freiheit oder Barbarei« buchstabiert werden. Und der Satz »Freiheit oder Sozialismus« wäre für sie genauso widersinnig gewesen wie der Satz »Freiheit oder Freiheit«. Dieses Vermächtnis hinterlassen zu haben, dadurch mit ihrem Leben gezeugt zu haben, macht das Wunder der Rosa Luxemburg aus.

2. Die vernichtete Autorität von Engels und Kautsky

> »*Der Marxismus enthält zwei wesentliche Elemente: das Element der Analyse, der Kritik, und das Element des tätigen Willens der Arbeiterklasse als den revolutionären Faktor. Und wer nur die Analyse, nur die Kritik in die Tat umsetzt, vertritt nicht den Marxismus, sondern eine erbärmliche, verfaulende Parodie dieser Lehre.*« (GW 2: 224)

Wir sind wieder bei Marx – aber bei welchem?
In der letzten öffentlichen Rede ihres Lebens, bei der Begründung des Programms der KPD auf dem Gründungsparteitag am 31. Dezember 1918, rief Rosa Luxemburg aus: »Nun, Parteigenossen, heute erleben wir den Moment, wo wir sagen können: Wir sind wieder bei Marx, unter seinem Banner.« (GW 4: 494)

Die Einheit von (marxistischer) Theorie und Praxis sollte wiederhergestellt werden. Aber welcher Marx war gemeint und welcher seiner theoretischen Ansätze? In ihrer Rede auf dem Parteitag unterschied Luxemburg zwischen jenen Positionen, die Marx und Engels Ende 1847/Anfang 1848 im »Manifest der Kommunistischen Partei« vertreten haben, von jenen Auffassungen, die diese nach der Niederschlagung der Pariser Kommune entwickelten:

> »Damals (im Vorfeld der 1848er Revolution – M.B.) glaubten die beiden und mit ihnen alle führenden Geister der proletarischen Bewegung, man stände vor der unmittelbaren Aufgabe, den Sozialismus einzuführen; es sei dazu nur notwendig, die politische Revolution durchzusetzen, der politischen Gewalt im Staate sich zu bemächtigen, um den Sozialismus unmittelbar zu Fleisch und Blut zu machen. Nachher wurde, wie Sie wissen, von Marx und Engels selbst eine durchgreifende Revision dieses Standpunkts vorgenommen.« (GW 4: 488).

Von nun an sei zwischen Maximal- und Minimalprogramm unterschieden worden. Diese Revision der Strategie des »Kommunistischen Manifests« machte Luxemburg im Vorwort zur deutschen Ausgabe von 1872 aus. Nun ist in diesem Vorwort zum »Manifest« von 1872 (Marx/Engels 1872: 95f.) keine »durchgreifende Revision« erkennbar. Marx und Engels ergänzten eher die Bedeutung der Ersetzung der bürgerlichen Staatsmaschine in einer proletarischen Revolution. Aber sie hatten sich auf eine längere Phase der relativen Stabilität der bürgerlichen Ordnung in West- und Mitteleuropa und damit auf einen Stellungskrieg eingestellt, der sich von der revolutionären Situation von 1848 grundlegend unterschied.

Maximal- und Minimalprogramm
Während Marx und Engels in Bezug auf die deutsche Sozialdemokratie weitgehend die Rolle kritisch-solidarischer Beratung einnahmen, gab ihnen 1880 eine Anfrage aus Frankreich die Chance, direkt an der Erarbeitung eines sozialistischen Parteiprogramms mitzuwirken. 1879 war in Frankreich unter Leitung von Jules Guesde und Paul Lafargue die *Parti ouvrier français (POF)* gegründet worden. Beide wandten sich an Marx und Engels mit der Bitte, bei der Formulierung eines Parteiprogramms zu helfen, das auf dem Parteitag in Le Havre im November 1880 zur Diskussion und Abstimmung gestellt werden sollte. Bei einem Treffen Anfang Mai des Jahres in der Londoner Wohnung von Engels, 122 Regent's Park Road, wurde ein Dokument erarbeitet, das aus zwei Teilen bestand. Der erste Teil, die Präambel, wurde von Marx formuliert. Dieser Präambel folgte dann ein knapper Katalog von sozialen und demokratischen Forderungen, auch »Minimalprogramm« genannt, der aus den Diskussionen der vier Teilnehmer hervorging. Das Programm als Ganzes hatte eine klare politisch-strategische Funktion: Es diente der kompromisslosen Abgrenzung von allen sozialistischen Strömungen in Frankreich, die auch als »Possibilisten« bezeichnet wurden und deren Strategie auf die möglichst umfassende Ausschöpfung der vorhandenen Möglichkeiten in der bürgerlichen Gesellschaft zielte. Eine proletarische Revolution zählten sie nicht dazu. Die Unterscheidung von Maximal- und Minimalprogramm durch Marx diente in ihrem Ursprung der Unterscheidung von derartigen »refor-

mistischen« Vorstellungen. Die Kämpfe um das im Hier und Heute Mögliche wurden klar dem letztlichen Ziel untergeordnet – »der revolutionären Aktion der Klasse der Produzenten« und der »Rückkehr aller Produktionsmittel in Kollektiveigentum«.

In der Präambel zum Parteiprogramm brachte Marx seine Begründung des kritisch-proletarischen Kommunismus auf den Punkt. Wenn es ein Dokument gibt, das die Essenz des Marxschen Kommunismus ausdrückt, dann dieses, obwohl es nur selten zitiert wird:

»In Erwägung,
dass die Emanzipation der Klasse der Produzenten alle Menschen, ohne Unterschied von Geschlecht und Rasse, umfasst;
dass die Produzenten nur dann frei sein können, wenn sie im Besitz der Produktionsmittel sind;
dass es nur zwei Formen gibt, in denen ihnen die Produktionsmittel gehören können:
1. die individuelle Form, die niemals allgemeine Erscheinung war und durch den industriellen Fortschritt mehr und mehr überwunden wird;
2. die kollektive Form, deren materielle und geistige Elemente durch die Entwicklung der kapitalistischen Gesellschaft selbst geschaffen werden;
in Erwägung,
dass die kollektive Aneignung nur von einer revolutionären Aktion der Klasse der Produzenten – dem Proletariat –, in einer selbständigen politischen Partei organisiert, ausgehen kann;
dass eine solche Organisation mit allen Mitteln, über die das Proletariat verfügt, angestrebt werden muss, einschließlich des allgemeinen Wahlrechts, das so aus einem Instrument des Betrugs, das es bisher gewesen ist, in ein Instrument der Emanzipation umgewandelt wird;
haben die französischen sozialistischen Arbeiter, die sich auf wirtschaftlichem Gebiet die Rückkehr aller Produktionsmittel in Kollektiveigentum zum Ziel ihrer Anstrengungen gesetzt haben, als *Mittel der Organisation und des Kampfes* beschlossen, mit folgendem *Minimalprogramm* in die Wahlen zu gehen:« (MEW 19: 238)

Das »Minimalprogramm« gliederte sich in einen politischen und einen ökonomischen Teil. Der politische Teil forderte die umfassende Presse-, Versammlungs- und Vereinigungsfreiheit und die Abschaffung der diskriminierenden Gesetze gegen Lohnarbeiter; die Nationalisierung der kirchlichen Güter, eine allgemeine Volksbewaffnung und den Ausbau der kommunalen Selbstverwaltung. Der ökonomische Teil konzentrierte sich auf die Beschränkung des Arbeitstages, das Verbot von Kinderarbeit, einen gesetzlichen Mindestlohn, den gleichen Lohn für Arbeiterinnen und Arbeiter, die polytechnische Ausbildung auf Kosten der Gesellschaft, die Selbstverwaltung der Arbeiterkassen, die Mitbestimmung der Arbeiterinnen und Arbeiter bei der Ausarbeitung des Arbeitsregimes in den Betrieben. Auch die Forderung nach Rücknahme aller Privatisierungen und Überführung der Staatswerkstätten in das genossenschaftliche Eigentum der Beschäftigten sowie die Abschaffung aller indirekten Steuern und die ausschließliche Finanzierung der Staatsausgaben über progressive Einkommenssteuern ab 3000 Francs und durch Erbschaftssteuern ab 20 Tsd. Francs gehörten dazu (siehe Fußnote 151 in MEW 19: 570f.).

Das Programm der *Französischen Arbeiterpartei* von 1880 wurde zum Vorbild des späteren *Erfurter Parteiprogramms*. Friedrich Engels' Vertraute Karl Kautsky und Eduard Bernstein übernahmen die Ausarbeitung der Entwürfe – Kautsky den der »Grundsätze«, Bernstein den der nächsten Forderungen. Das *Erfurter Programm* war in Struktur und Duktus dem der französischen Partei gleich und wurde zum Paradigma für alle weiteren marxistischen Programme der internationalen Sozialdemokratie. Es nahm zudem eine Position auf, die weit über die Arbeiterklasse hinauswies: »Die Sozialdemokratische Partei Deutschlands kämpft ... nicht für neue Klassenprivilegien und Vorrechte, sondern für die Abschaffung der Klassenherrschaft und der Klassen selbst und für gleiche Rechte und gleiche Pflichten aller ohne Unterschied des Geschlechts und der Abstammung. Von diesen Anschauungen ausgehend bekämpft sie in der heutigen Gesellschaft nicht bloß die Ausbeutung und Unterdrückung der Lohnarbeiter, sondern jede Art der Ausbeutung und Unterdrückung, richte sie sich gegen eine Klasse, eine Partei, ein Geschlecht oder eine Rasse.« (SPD 1891a) Auch wurde die internationale Dimension des Kampfes herausgearbeitet, wie sie auf dem Gründungskongress der *Zweiten Internationale* von 1889 entwickelt worden war.

Abrechnung mit dem »Ersatz-Marxismus«

Rosa Luxemburgs Abrechnung mit dem, was sie Ersatz-Marxismus der SPD nannte, hatte schon vor dem Ersten Weltkrieg begonnen, als sie begann, Kautskys »Ermattungsstrategie« zu geißeln, die in ihren Augen darauf hinauslief, Sozialismus nur noch als revolutionäre Phrase zu predigen und praktisch das defensive Abwarten bis zur Stunde einer Entscheidung anzuraten, um dann die Macht zu übernehmen. 1918, noch im Gefängnis, wurde ihre Abrechnung, wie sie es selbst nannte, schärfer. Als im Frühling des Jahres deutsche Truppen bei der Niederschlagung der finnischen Sowjetrepublik mitwirkten, schrieb sie:

> »Die Heldentaten in Finnland etc. sind der Strich unter der Rechnung der *alten d[eutschen] Soz[ial]d[emokratie] u. der zweiten Intern[ationale]*. Sie vernichten die alte Autorität u. die Taktik von Engels – K[arl] K[autsky].« (GW 7: 1093) Das »taktische Programm von Engels (1895)« (ebd.: 1094) sei dem imperialistischen Zeitalter nicht gemäß gewesen, und so sei Wohltat Plage geworden. Der Notwendigkeit einer neuen Offensive wurde nicht Rechnung getragen.

Was Rosa Luxemburg das »taktische Programm von Engels« nannte, waren dessen Überlegungen zur Strategie einer marxistisch orientierten Sozialdemokratie, die er kurz vor seinem Tode in der »Einleitung« zu Marx' »Klassenkämpfe in Frankreich 1848 bis 1850« entwickelt hatte. Er hatte sich dabei – erfolglos – gegen Eingriffe in seinen Text wehren müssen. Der Parteivorstand der SPD hatte verlangt, dass die Partei als bedingungslos gesetzeskonform dastehe. Ein Leitartikel im *Vorwärts*, überschrieben mit »Wie man heute Revolutionen macht«, griff zudem einzelne Zitate heraus, sodass Engels erbost am 1.4.1895 an Kautsky schrieb, er würde als »ein friedfertiger Anbeter der Gesetzlichkeit« erscheinen und es müsse etwas getan werden, »damit dieser schmähliche Eindruck verwischt wird« (MEW 39: 452).

Die Strategie, die Engels 1895 in seiner Einleitung zu Marx' »Klassenkämpfe in Frankreich 1848 bis 1850« von 1895 empfahl, war sehr klar. Er ging davon aus, dass das Wachstum der abgegebenen Stimmen für die Sozialdemokratie weiter »so unaufhaltsam und gleichzeitig so ruhig wie ein Naturprozess« vor sich gehen würde. Bis zum Ende des Jahrhunderts (also in fünf Jahren!) würde die SPD »den größeren Teil der Mittelschichten der Gesellschaft, Kleinbürger wie Kleinbauern« gewinnen und »zu der entscheidenden Macht im Lande« werden, »vor der alle andern Mächte sich beugen müssen«. Seine Schlussfolgerung: »Dies Wachstum ununterbrochen in Gang zu halten, bis es dem gegenwärtigen Regierungssystem von selbst über den Kopf wächst, <diesen sich täglich verstärkenden Gewalthaufen nicht in Vorhutkämpfen aufreiben, sondern ihn intakt zu erhalten bis zum Tag der Entscheidung,> das ist unsere Hauptaufgabe.« (MEW 22: 524 – die in spitze Klammern gesetzten Satzteile waren den Streichungen im *Vorwärts* und dann der *Neuen Zeit* zum Opfer gefallen). Einerseits sollte die SPD sich zu keinen bewaffneten Konflikten provozieren lassen, andererseits aber in konsequenter Opposition zum Kaiserreich und seinen staatlichen Mächten bleiben. Bebels Position der Todfeindschaft zum Kapitalismus war auch die von Engels: »Diesem System keinen Mann und keinen Groschen.«

Engels gab mit seiner »Einleitung« zu Marx der parlamentarischen Kampfform der SPD bei strikter Geschlossenheit der Organisationen die höhere Weihe. Nur wurde verdrängt, dass Engels damit eine *revolutionäre Strategie in Zeiten relativer Ruhe* verfolgen wollte. Während dies für Engels ein Stellungskrieg war, der die Offensive, auch mit Gewaltmitteln, *vorbereitet* und diesem Ziel untergeordnet ist, war daraus friedliche Koexistenz geworden. Das Ergebnis war entsprechend. Luxemburgs Resümee aus dem Gefängnis 1918:

> »Die alte d[eutsche] Soz[ial]d[emokratie] war eben ein Zwitterding. Ihre beiden Elemente: die radikale Phrase u. die op-

port[unistische] Praxis. Eine revolutionäre Theorie u. eine rein parlam[entarische] Politik.« (GW 7: 1092)

In der Diskussion zu Programmatik und Strategie der gerade erst gegründeten KPD stellte Luxemburg der Taktik Engels-Kautsky die Strategie von Marx und Engels im »Kommunistischen Manifest« gegenüber. Luxemburg sah die Differenz vor allem darin, dass anders als Ende 1847/Anfang 1848 Marx und Engels nach der Niederschlagung der Pariser Kommune davon ausgegangen waren, »nun habe das Proletariat noch eine unendlich weite Strecke Wegs vor sich, bis der Sozialismus zur Wirklichkeit werden könnte« (GW 4: 495). Jetzt, Ende 1918, aber würde sich zeigen, dass das Sofortprogramm aus dem »Manifest« und das des Spartakusbundes weitgehend deckungsgleich seien.

Ihre Schlussfolgerung war, dass die »Trennung der unmittelbaren, sogenannten Minimalforderungen ... von dem sozialistischen Endziel als einem Maximalprogramm« aufgehoben werden müsse: »Für uns gibt es jetzt kein Minimal- und kein Maximalprogramm; eines und dasselbe ist der Sozialismus; das ist das Minimum, das wir heutzutage durchzusetzen haben.« (GW 4: 496) Der Kapitalismus sei mit dem Ende des Ersten Weltkriegs in eine Schlusskrise gekommen, aus der es nur den Ausweg von Anarchie und Barbarei oder von Demokratie und Sozialismus geben könne: »Der Sozialismus ist Notwendigkeit geworden nicht bloß deshalb, weil das Proletariat unter den Lebensbedingungen nicht mehr zu leben gewillt ist, die ihm die kapitalistischen Klassen bereiten, sondern deshalb, weil, wenn das Proletariat nicht seine Klassenpflichten erfüllt und den Sozialismus verwirklicht, uns allen zusammen der Untergang bevorsteht.« (GW 4: 496)

Am Ende der deutschen Viertel-Revolution von 1918/19 standen kein Untergang und auch kein Sozialismus, sondern eine lange Phase der Instabilität und die fragile Weimarer Republik, die in der Großen Depression von den Eliten aufgegeben und den Händen Hitlers und der NSDAP überantwortet wurde. Heute, einhundert Jahre später, konfrontiert mit einer neuen Großen Krise, steht die Frage, welche strategische Hilfe uns das Marxsche Erbe gibt, auf das sich Rosa Luxemburg immer wieder bezog. Was können wir von Rosa Luxemburg lernen, um in den heutigen Entscheidungssituationen Wege zu finden, einen grundlegenden Richtungswechsel der Politik einzuleiten? Fertiges Wissen ist es nicht, aber vielleicht sind es Haltungen, sind es die offen in ihrem Werk und Wirken aufklaffenden Widersprüche, sind es vor allem die Suchprozesse und die Auseinandersetzungen, die sie geführt hat.

Die Orthodoxie der Zweiten Internationale hatte die Widersprüche sozialistischer Politik als äußerliches Nebeneinander von »Theorie« und »Praxis«, »Reform« und »Revolution«, von »Masse«, »Partei« und »Führung«, von »hier und jetzt« und »dort und später«, von »wir« und »sie«, von »Demokratie« und »Diktatur« gehandhabt. Dieses Nebeneinander verwandelte sich mit Ausbruch des Ersten Weltkriegs in ein tödliches Gegeneinander von Sozialdemokratie und bolschewistischem Kommunismus. Eine emanzipative Lektüre der Werke von Rosa Luxemburg ist auch deshalb so schwierig, weil sie dort, wo sie ihre produktive Suche beginnt, nie auf eine starre »Position« festzulegen ist, sondern Wege erkundet, mit den Gegensätzen sozialistischer Politik zu operieren und *befreiende* Formen der politischen Vermittlung dieser Gegensätze anzumahnen, aufzugreifen und zu verallgemeinern. Die sprachlichen Formen, die sie findet, um dieses emanzipative Operieren mit Gegensätzen festzuhalten, sind selbst im Fluss, stellen Übergänge dar, verlangen vom Leser, sich von einem einfachen »Entweder-Oder« zu lösen. Rosa Luxemburg ist keine Klassikerin der Lehre, sondern eine vorbildhaft Suchende. Die folgende Analyse des Werkes von Luxemburg versucht zu verstehen, wie sie im Zeitalter des Imperialismus eine revolutionäre Strategie entwickelte. Dabei entstanden Ansätze, die auch heute gebraucht werden – Ansätze zu einer Strategie radikaler Transformationspolitik im Kapitalismus über ihn hinaus.

3. Die »fertige Marxistin« und die polnische Frage

> »*Mein Ideal ist eine solche Gesellschaftsordnung, in der es mir vergönnt sein wird, alle zu lieben. Im Streben danach und im Namen dieses Ideals werde ich vielleicht einmal imstande sein zu hassen.*« Rosa Luxemburg mit sechzehn Jahren (zitiert in Seidemann 1998: 9)

Rosa Luxemburg Werdegang von dem Augenblick an, als sie im Mai 1898 in Berlin sesshaft wurde, bis zu ihrer Ermordung am 15. Januar 1919 war geprägt durch den Prozess des Übergangs von der Verteidigung der schon kurz skizzierten »Engels-Kautskyschen Strategie« im Revisionismusstreit hin zu immer tiefer reichenden Revisionen dieser Strategie und der bis zuletzt unabgeschlossenen Suche nach einer zugleich radikalen und emanzipatorischen Alternative. Im Folgenden soll Etappen dieser Suche nachgegangen werden, beginnend mit dem berühmten Revisionismusstreit. Doch dieser hatte für Luxemburg eine Vorgeschichte.

Für die deutschen Sozialdemokraten musste Rosa Luxemburg 1998 wie Minerva erscheinen, die wehrfähige angriffslustige Tochter von Zeus, dem Kopf des Marx entsprungen. Man warf ihr vor, »wie eine Göttin aus den Wolken ... mit bestechenden Phrasen um sich zu werfen« (zitiert in Laschitza 2014: 37). Mit gerade einmal 27 Jahren machte sie den Alten in der SPD Feuer unter dem Hintern, als diese nicht sofort mit aller Härte gegen Eduard Bernsteins Revision der theoretischen Grundlagen der bewährten Strategie vorgingen. Rosa Luxemburg erschien in diesen Debatten so völlig fertig in ihren Ansichten, so völlig klar in ihren Positionen, so unbeirrbar überzeugt wie kein anderer. Aber sie kam nicht aus dem Nichts und ihr Marxismus hatte einen sehr konkreten Hintergrund. Es waren die Diskussionen der Sozialdemokraten im russisch besetzten Teil Polens um eine überzeugende sozialistische Strategie.

Die Gründung der polnischen Sozialdemokratie und ihre zwei Flügel

Rosa Luxemburgs Doktorvater Julius Wolf erinnerte sich seiner Lehrtätigkeit an der Universität Zürich mit den Worten, dass er »dem begabtesten der Schüler meiner Züricher Jahre, Rosa Luxemburg, ... die akademischen Steigbügel« gehalten habe: »sie machte ihren staatswissenschaftlichen Doktor (mit einer trefflichen Arbeit über die industrielle Entwicklung Polens) bei mir«. Wolf schob ein, dass sie »freilich fertig, als Marxistin aus Polen und Russland zu mir gekommen war« (zitiert in Nettl 1967: 75).

Was aber bedeutete es, um 1895 eine fertige Marxistin zu sein, und welche besondere Gestalt hatte dieses Marxistin-Sein (siehe Haug 2015) bei der jungen Rosa Luxemburg? Und unter welchen Bedingungen erfolgte diese Formierung? Zu bedenken ist, dass Julius Wolf sie nicht schon unmittelbar nach ihrer Flucht aus Polen 1889, sondern wenige Jahre später kennengelernt hatte. Bis 1892 hatte sie vor allem Philosophie, Mathematik, Botanik und Zoologie studiert, um dann zu den Rechtswissenschaften und schließlich 1893 zu den Staatswissenschaften zu wechseln, wo sie die Volkswirtschaftslehre belegte, Vorlesungen von Wolf besuchte und im Mai 1897 ihre Dissertation »Die industrielle Entwicklung Polens« mit magna cum laude verteidigte.

Noch während ihrer Zeit als Schülerin am Zweiten Frauengymnasium in Warschau (dort wurde ausschließlich russisch gesprochen und es stand nur in Ausnahmefällen auch polnischen Mädchen offen, die besonders begabt waren) war Luxemburg 1896 mit der marxistischen Gruppe *Zweites Proletariat* um Marcin Kasprzak (1860 – hingerichtet 1905 in Warschau) in Kontakt gekommen. 1988 kam es zu massiven Verfolgungen. Kasprzak soll es gewesen sein, der 1889 ihre Flucht organisiert hatte. Rosa Luxemburgs frühes Marxistin-Sein entstand in diesem besonderen Milieu der polnischen Sozialdemokratinnen und Sozialdemokraten im Russischen Reich.[4] Es war einerseits geprägt durch

---

[4] Diese Formierung von Luxemburgs Positionen ist zweifelsohne unter besonderem Einfluss von Leo Jogiches geschehen, aber dieser blieb »immer im Hintergrund« (Nettl 1967: 91).

die gesamtrussischen Suche nach einer revolutionären Strategie und andererseits durch die besondere Lage Polens als einer der wirtschaftlich fortgeschrittensten Teile des zaristischen Reiches.

Erstens hatten alle Revolutionäre im russischen Reich die Frage zu beantworten, wie der Zarismus gestürzt werden könnte. Die Volkstümler, die sich in der Zeit der Reformen nach Ende des verlorenen Krim-Krieges in den 1860er und 1870er Jahre formierten, setzten dabei auf die Bauern und den Übergang zum Sozialismus durch Freisetzung der Potenziale der bäuerlichen Gemeinschaften (der obščina) mit ihren Elementen von Gemeineigentum und Selbstverwaltung. Nach dem Scheitern der Versuche, »ins Volk« zu gehen und dieses aufzuklären, gab es die Vorstellung, durch Zarenmord die Massen aufzurütteln und den Weg freizumachen. Doch die Attentate und die schließliche Ermordung von Alexander II. 1881 zeigten, dass diese Strategie in eine Sackgasse führte. Auf der Suche nach einer Alternative wandten die russischen Sozialistinnen und Sozialisten sich nach Westen. Dort bewies die Arbeiterbewegung, dass es andere Kräfte als die der Bauern oder der Bourgeoisie geben könne. Einen wesentlichen Einfluss hatte Marx. Ende der 1870er Jahre formierten sich Ansätze einer marxistischen Sozialdemokratie um Georgi Plechanow und 1883 bildete sich in der Schweizer Emigration die Gruppe *Befreiung der Arbeit*. Sie ging davon aus, dass eine sich formierende Arbeiterbewegung im Russischen Reich die Führung im Kampf für Demokratie und Sozialismus übernehmen müsse (Plechanov 1956a, 1956b).

Zweitens mussten jene polnischen Revolutionäre, die sich den sozialdemokratischen Positionen in Russland anschlossen, auf die Frage antworten, in welchem Verhältnis ihre sozialistischen Vorstellungen zum Kampf um die Wiederherstellung eines eigenständigen polnischen Staates standen. Die Aufstände von 1830 und 1861 waren durch die russischen Truppen brutal niedergeschlagen worden. Gleichzeitig hatte eine beschleunigte industrielle Entwicklung im russisch besetzten Königreich Polen[5] (Russisch-Po-

---

[5] Im Weiteren werde ich für den russisch besetzten Teil des historischen Polen weitgehend den Begriff Königreich Polen benutzen. Dieser Termi-

len) begonnen. In ihrem 1897 für die *Sozialistischen Monatshefte«* geschriebenen Artikel »Der Sozialismus in Polen« ging Rosa Luxemburg detailliert auf diese Gründungsgeschichte der polnischen Sozialdemokratie im Russischen Reich ein. Den Ausgangspunkt sah sie in der Gründung der Gruppe *Proletariat* im Jahre 1882. Sie habe sich auf den Klassengegensatz von Proletariat und Bourgeoisie konzentriert. Kritisch merkte Luxemburg an:

»Die allgemeine Auffassung von den ökonomischen Tendenzen reichte jedoch nicht aus, um eine Marschroute für die Partei abzugeben, es galt noch, die *aktive* Rolle der Arbeiterklasse in der politischen Entwicklung der kapitalistischen Ordnung zu begreifen. Aber gerade in dieser Beziehung stand die Partei nicht auf dem Boden der westeuropäischen Bewegung, sondern auf demjenigen der ›Narodnaja Wolja‹,[6] die in dem Handstreich einer kleinen revolutionären Minderheit das Mittel sah, sich der Staatsmaschine zu bemächtigen und, gestützt auf das Volk, die soziale Revolution ins Werk zu setzen, den Terrorismus aber als das Hauptmittel betrachtete, den Handstreich vorzubereiten.« (GW 1.1: 83)

Das eigentliche Verdienst dieser ersten sozialdemokratisch orientierten Gruppe in Russland sah Luxemburg in der klaren Absage an jeden Versuch der Wiederherstellung eines eigenständigen polnischen Staates. Der Gründer und das geistige Oberhaupt Ludwik Waryński (1856 – gest. 1889 im zaristischen Gefängnis) habe von Anfang an »zwischen der Arbeiterbewegung und dem Nationa-

---

nus basierte auf der Fiktion einer Personalunion von zaristischer und polnischer Krone nach dem Sieg über Napoleon. Die zaristischen Behörden hatten nach den niedergeschlagenen Aufständen alles versucht, die annektierten polnischen Gebiete als bloße Provinzen zu behandeln und entsprechend administrativ aufzuspalten. Die Bezeichnung Polen wurde verboten und vom »Weichselland« gesprochen. Es wurde eine Politik der »Russifizierung« verfolgt.

[6] Narodnaja Wolja (russ.: Volkswille) war eine Geheimorganisation im zaristischen Russland Ende der 1870er Jahre, die mit Propaganda und Terror den Zarismus stürzen wollte und 1881 das Attentat auf Alexander II. verübte.

lismus das Tischtuch zerschnitten« (GW 1.1: 85) und die Schädlichkeit eines Programms der Wiederherstellung Polens für den sozialistischen Kampf betont. »Damit«, so Luxemburg, »wurde zwar die polnische Frage theoretisch noch nicht gelöst, aber das praktische Verhalten ihr gegenüber mit aller erwünschten Deutlichkeit formuliert.« (Ebd.) Dieser Position stand auch der schon erwähnte Marcin Kasprzak nahe.

In dieser Darstellung sind die wichtigsten Auffassungen der »fertigen (polnischen) Marxistin« Luxemburg zur Sprache gebracht – ein aus der ökonomischen Struktur der Gesellschaft sich herleitendes Verständnis sozialistischer Strategie in der Einheit von Reformkämpfen und revolutionärer Zielstellung, die Betonung der Rolle der Arbeiterbewegung als der zentralen Kraft, die durch keinerlei Organisationen und Stellvertretungen ersetzt werden kann, und die strikte Ablehnung jeder Verbindung des sozialistischen Kampfes mit dem Kampf für die Wiederherstellung des polnischen Staates.

Ende der 1880er und am Anfang der 1890er Jahre begann sich im Königreich Polen eine eigenständige Arbeiterbewegung zu formieren. Im Mai 1892 kam es in Łódź zu einem neuntägigen Generalstreik zehntausender Textilarbeiterinnen und Textilarbeiter. Die zaristische Regierung setzte Militär ein und schlug diesen Ausstand mit einer solchen Brutalität nieder, dass dabei über 160 Arbeiterinnen und Arbeiter getötet wurden. Diese Ereignisse wurden zum Auslöser der Gründung zweier polnischer sozialdemokratischer Parteien im Ausland. Den Anfang machten Gruppen, die sich im Spätherbst 1892 in Paris trafen und die Gründung der *Polnischen Sozialistischen Partei (PPS)* initiierten. Dabei wurden zwei wichtige Richtungsentscheidungen getroffen: »Erstens wurde das Schicksal der sozialistischen Bewegung Polens vom künftigen Werdegang der russischen Bewegung abgekoppelt, wobei die Begründung angeführt wurde, dass die sozialistische Bewegung ... in Russland erst in den Kinderschuhen stecke... Zweitens aber wurde der sozialistischen Bewegung Polens von vornherein die Aufgabe gestellt, über die Grenzen des Königreichs Polen hinaus zu operieren, da die anzustrebende Republik sich aus weiteren, nicht ausschließlich in Russland liegenden Teilen zusammensetzen müsse«. (Politt 2015: 10) Der Weg zu einer polnischen Republik müsse, so die Position der PPS, über einen Arbeiteraufstand im Königreich Polen führen.

Eine zweite Gruppe von Exilanten aus dem Königreich Polen und aus Litauen hatte sich in Zürich gebildet. Dort entwickelten Leo Jogiches, Rosa Luxemburg, Julian Marchlewski und Adolf Warski eine andere strategische Linie. Sie gründeten im Juli 1893 die Pariser Exilzeitung *Sprawa Robotnicza* (»Arbeitersache«). Die Finanzierung übernahm Jogiches aus dem väterlichen Erbe. Er organisierte auch den illegalen Vertrieb. Im Leitartikel der ersten Ausgabe der neuen Zeitung schrieben Rosa Luxemburg und Leo Jogiches:

> »Der russische Arbeiter – unser Bruder in der Not, unser Genosse im Kampf. Er beginnt genau wie wir zu verstehen, dass dem Kampf gegen die Zarenregierung nicht ausgewichen werden kann. Das Elend hat ihn aufgeweckt, auch er sucht den Kampf. So wird sich der russische Arbeiter mit uns gegen den gemeinsamen Feind verbünden. So wird die Zarenherrschaft, die uns – Polen wie Russen – in derselben Sklaverei zusammengeschmiedet hat, durch die Hand ihrer vereinigten Feinde umkommen – durch das Arbeitervolk in Polen und Russland!« (Luxemburg/Jogiches 2015: 25) Luxemburg und Jogiches hielten dauerhaft daran fest, dass jede »Teilsolidarität« der Feind der internationalen Solidarität, »eine Zweideutigkeit [sei], unter der der Pferdefuß des nationalen Antagonismus hervorguckt« (GW 2: 503).

Dieser Bezug auf das gemeinsame »Volk« der Arbeiterinnen und Arbeiter war für Rosa Luxemburg über jene Genossen vermittelt, die Peter Nettl ihre »Gruppe der Gleichgesinnten« genannt hatte. Schon bei ihren ersten illegalen Aktivitäten in Warschau traf Rosa Luxemburg auf Menschen, mit denen sie über die nächsten Jahrzehnte eng verbunden blieb – Adolf Warski (1868 – ermordet in Stalins Terror 1937) und Julian Marchlewski (1866-1925). In Zürich kam vor allem noch Leo Jogiches hinzu, ihr Geliebter und Lebenspartner für viele Jahre. Dies war ihre konkrete Heimat – ein Netz zwischenmenschlicher politischer Beziehungen, das 30 Jahre hielt, bis zu Luxemburgs Ermordung am 15. Januar 1919 und später auch der von Jogiches am 10. März 1919. Diese Gemeinschaftlichkeit mit Gleichgesinnten und der eigene Anspruch eines gesteigerten Lebens gaben ihr die Kraft, das Gehäuse der Hörigkeit eines orthodoxen Marxismus zu sprengen und befreiende Ansätze über ihn hinaus zu entwickeln.

1893 aber lag dies noch in weiter Zukunft. Zunächst einmal profilierte Luxemburg sich als marxistische Sozialdemokratin im engsten Sinne. Als Redakteurin von *Sprawa Robotnicza* hatte Luxemburg mit 23 Jahren ihren ersten Auftritt in der *Zweiten Internationale*, deren Kongress vom 6. bis 12. August 1893 in Zürich stattfand. Sie gab einen Bericht über die Entwicklung der Sozialdemokratie im Königreich Polen. Einerseits betonte sie den Grundkonsens, der die gesamte marxistisch inspirierte Sozialdemokratie Europas einigte, die Einsicht,

> »dass die Rolle der sozialdemokratischen Partei darin bestehe, den im Kapitalismus mit elementarer Gewalt sich entwickelnden Kampf des Proletariats gegen die bestehende Gesellschaftsordnung zielbewusst zu leiten, dass der Kampf auf ökonomischem Gebiete um die alltäglichen Interessen der arbeitenden Klassen, der Kampf um demokratische Regierungsformen die Schule ist, welche das Proletariat unbedingt durchmachen muss, ehe es imstande ist, die heutige Gesellschaft zu stürzen« (GW 1.1: 7).

Luxemburg begründete im Namen der Züricher Gruppe auch, warum sie den Kampf für die Wiederherstellung des polnischen Staates als unvereinbar ansah mit den sozialistischen Zielen und Kampfmethoden und der Aufgabe, die Unterdrückung der polnischen Nationalität zu beenden:[7]

---

[7] Das gleiche Programm vertritt sie dann auch während der Revolution im zaristischen Russland 1905 (siehe z.B. GW 2: 51ff.).

»Das Programm, ein selbständiges Polen wiederherzustellen, kann, da es nicht mit der Wirklichkeit rechnet, keine politische Tätigkeit schaffen, welche den Bedürfnissen des Proletariats entspricht. Ein gemeinsames politisches Minimalprogramm der Arbeiterklasse der drei polnischen Länder, deren eines eine relativ weite politische Freiheit mit allgemeinem Stimmrecht besitzt [im deutschen Reich], deren zweites, im Besitz einiger kümmerlicher politischer Rechte, das allgemeine Stimmrecht erst zu erkämpfen hat [im Habsburger Reich], deren drittes vollends im Joch des Absolutismus sich befindet [im zaristischen Reich], ein solches gemeinsames Programm ist heute eine praktische Unmöglichkeit, da ja die politische Tätigkeit der Arbeiterpartei immer den gegebenen politischen Formen entsprechen muss. Jenes Programm heute als ein politisches annehmen würde soviel bedeuten, wie auf jede politische Tätigkeit verzichten zu wollen. Die Arbeiterklasse muss aber eine solche üben, sie kann nur für reelle Forderungen gewonnen werden, für solche, die schon heute einen praktischen Kampf im Namen wirklicher, naheliegender und wichtiger Bedürfnisse schaffen. Eine solche auf reellen Verhältnissen beruhende politische Aktion ist heute für das Proletariat von Galizien der ihm mit dem Proletariat von ganz Österreich gemeinsame Kampf um das allgemeine Wahlrecht. Für das Proletariat von Posen und Schlesien ist das politische Programm das Zusammengehen mit der deutschen Sozialdemokratie. Für das Proletariat von Russisch-Polen ist es die seinen wirklichen Lebensverhältnissen entsprechende, dem gesamten Proletariat des russischen Reiches gemeinsame Parole – die Niederwerfung des Absolutismus. Dieses Programm ergibt sich aus den Bedürfnissen seines alltäglichen ökonomischen Kampfes ebensowohl wie aus seinen sozialistischen Bestrebungen überhaupt. Dieses Programm macht es ihm möglich, indem es ihm die Erkämpfung solcher politischen Rechte, welche am besten seinen lokalen Interessen entsprechen, zum Ziele setzt, sich gleichzeitig vor der Russifizierungspolitik der Regierung zu schützen. Dieses Programm endlich führt die Arbeiterklasse auf geradem Wege zum Triumphe des Sozialismus und nähert sie gleich-

> zeitig demjenigen Momente, in welchem mit der definitiven Aufhebung aller Unterdrückung auch die Unterjochung der polnischen Nationalität endgültig beseitigt und aller kulturellen Bedrückung der Grund entzogen wird.« (GW 1.1: 12f.)

Ganz anders als oft unterstellt, ist Luxemburgs Ablehnung eines Kampfes um die Wiederherstellung des polnischen Staates nicht antinational begründet. Sie ging davon aus, dass Minimal- und Maximalprogramm eine Einheit bilden müssen, dass der Kampf im Hier und Jetzt von den konkreten Bedürfnissen und realen Möglichkeiten ausgehen muss. Nur so könne das Bewusstsein der Arbeiterinnen und Arbeiter entstehen, dass diese sehr konkreten Tagesziele am wirksamsten durch einen sozialistischen Kampf durchgesetzt werden. Diese praktische Einheit von Tages- und Fernziel wird sie später »revolutionäre Realpolitik« nennen. Die Aufstellung von Zielen, die ihrer Auffassung nach unerreichbar waren – wie die Wiederherstellung eines polnischen Staates –, würde dem widersprechen. Die Zentrierung des Kampfes auf einen eigenen polnischen Staat würde diese Einheit zerreißen und das sozialistische Ziel dem der Errichtung eines bürgerlichen Nationalstaats opfern, ohne jedoch im Gegenzug dieses nationale Ziel erreichen zu können. Sie ging davon aus, dass in einem sozialistischen Gemeinwesen jede Grundlage für eine nationale Unterdrückung wegfällt und damit die Frage der Zugehörigkeit zu diesem oder jenem Staat bedeutungslos würde. Lokale Selbstverwaltung und kulturelle Autonomie würden ausreichen, um jede Diskriminierung zu beenden und die eigene kollektive sprachlich-kulturelle Identität zu leben. Das Zusammenleben verschiedener Nationen und Nationalitäten in ein und demselben Staat war für sie wie für viele in Ostmittel-, Südost- und Osteuropa eine historische Selbstverständlichkeit, es galt in ihren Augen nur die damit verbundenen Formen der Unterdrückung zu überwinden. Dies lebte sie selbst. Und zudem: Wenn das Proletariat die Kraft habe, »die Wiederherstellung Polens trotz der Regierungen der Annexionsstaaten und der polnischen Bourgeoisie durchzusetzen, dann wird es ja auch imstande sein, die sozialistische Umwälzung in Angriff zu nehmen« (GW 1: 22). Sozialismus schien ihr leichter zu erreichen als die Wiederherstellung Polens als eigener Staat.

Zwar wurde Rosa Luxemburgs Delegiertenmandat für den Kongress der *Zweiten Internationale* durch die PPS erfolgreich angefochten (mit neun zu sieben Länderstimmen), aber ihre Verteidigungsrede (siehe dazu auch GW 6: 71) machte größten Eindruck. Dieser Eindruck war so groß, dass sich der belgische Sozialistenführer Emile Vandervelde später gar nicht mehr bewusst war, dass Luxemburg in der Mandatsfrage verloren hatte: »Ich sehe sie noch, wie sie aus der Menge der Delegierten aufsprang und sich auf einen Stuhl schwang, um besser verstanden zu werden. Klein, schmächtig, zierlich in ihrem Sommerkleid ... verfocht sie ihre Sache mit einem solchen Magnetismus im Blick und mit so flammenden Worten, dass die Masse des Kongresses, erobert und bezaubert, die Hand für ihre Zulassung erhoben.« (zitiert in Nettl 1967: 83)

In unmittelbarer Folge der Niederlage auf dem Sozialistenkongress von Zürich im August 1893 gründete die Gruppe um Leo Jogiches noch im gleichen Monat die Partei *Sozialdemokratie des Königreiches Polen* (SDKP; ab 1900 *Sozialdemokratie des Königreichs Polen und in Litauen*; SDKPiL). Der illegale Gründungsparteitag in Warschau vom März 1894 nahm den von Jogiches und Luxemburg verfassten Leitartikel vom Juli 1893 als Parteiprogramm an und bestimmte die *Arbeitersache* als ihr Presseorgan. Die Spaltung der jungen polnischen Sozialdemokratie in PPS und SDKP wurde institutionalisiert, zwei gegensätzliche Programme und Strategien verfochten und hart, oft brutal um Einfluss in den polnischen Gebieten wie in der *Zweiten Internationale* konkurriert.

Luxemburgs Dissertation

Es war eine Spezifik der marxistischen Tradition, dass jede politische Frage auch theoretisch entschieden werden musste. Die politische Wirkungsmacht des Marxismus wurde direkt aus seiner strikten Wissenschaftlichkeit abgeleitet. Lenins Wort von 1913 »Die Lehre von Marx ist allmächtig, weil sie wahr ist« (LW 19: 3) war mehr als eine bloße Floskel, sondern verbreitete Überzeugung.

Nur der Marxismus schien die Antwort auf die Frage nach den historischen Entwicklungstendenzen und den treibenden Kräften zu haben. Wie es im »Manifest« hieß: »Die Kommunisten sind ... praktisch der entschiedenste, immer weitertreibende Teil der Arbeiterparteien aller Länder; sie haben theoretisch vor der übrigen Masse des Proletariats die Einsicht in die Bedingungen, den Gang und die allgemeinen Resultate der proletarischen Bewegung voraus.« (MEW 4: 474) Vor den polnischen Sozialdemokraten um Leo Jogiches und Rosa Luxemburg stand deshalb die Aufgabe, auf der Basis des marxistischen Paradigmas eine ihren Gegnern überlegene wissenschaftliche Einsicht herzustellen. Dazu musste die Entwicklung des Kapitalismus im Königreich Polen studiert werden. Dies wurde zum Gegenstand von Luxemburgs Dissertation. Die Hauptfrage war, ob es handelsmächtige Kräfte gab, die an der Errichtung eines polnischen Staates interessiert waren.

In den Jahren, in denen Lenin in der sibirischen Verbannung seine Schrift »Die Entwicklung des Kapitalismus in Russland« verfasste, um eine wissenschaftliche Begründung der sozialdemokratischen Strategie für Russland zu erarbeiten, schrieb Luxemburg mit dem gleichen Ziel, nur mit Bezug auf Polen und unter einem politisch unverfänglicheren Titel, ihr Werk »Die industrielle Entwicklung Polens«, das 1898 bei Duncker & Humblot erschien. Sie war damit auch wissenschaftlich eine Ausnahmeerscheinung: Sie hatte als Frau und Marxistin auf dem Gebiet der Volkswirtschaften mit herausragendem Ergebnis promoviert und diese Arbeit zudem in einem der anerkanntesten Wissenschaftsverlage Deutschlands veröffentlicht. Die Herausforderung, die Luxemburg sich gestellt hatte, war deshalb besonders groß, weil sie, sich auf Marx' und Engels' Geschichtsauffassung berufend, ihnen in der polnischen Frage direkt widersprach.

Für Marx und Engels war der Kampf um die Wiederherstellung des polnischen Staates eine völlige Selbstverständlichkeit. Im Vorwort zur polnischen Ausgabe des »Manifest« schrieb Engels 1892 ganz unmissverständlich: »Die rasche Entwicklung der polnischen Industrie, die der russischen über den Kopf gewachsen, ist [...] ihrerseits ein neuer Beweis für die unverwüstliche Lebenskraft des polnischen Volks und eine neue Garantie seiner bevorstehenden nationalen Wiederherstellung. Die Wiederherstellung eines unabhängigen starken Polens ist aber eine Sache, die nicht nur die Polen, sondern die uns alle angeht. Ein aufrichtiges internationales Zusammenwirken der europäischen Nationen ist nur möglich, wenn jede dieser Nationen im eignen Hause vollkommen autonom ist.« (MEW 22: 283) Auf diese Position antwortete Luxemburg so:

> »Die Äußerungen der Begründer des wissenschaftlichen Sozialismus können und dürfen ... nicht einmal als Fingerzeige für das praktische alltägliche Programm des polnischen Proletariats ausgelegt werden, weil sie dieselben nur auf die Eventualitäten der auswärtigen Politik und nicht auf den inneren Klassenkampf und die Ergebnisse des sozialen Entwicklungsgangs Polens beziehen. Überhaupt gehören diese Äußerungen ihrem Ursprung wie auch ihrem Charakter nach mehr in jene schöne Zeit, wo ›Pole und Revolutionär – wenigstens in nationalem Sinne – identisch war‹«. (GW 1.1: 33 – das Zitat bezieht sich auf Engels' Artikel »Der demokratische Panslawismus« von 1849 in der *Neuen Rheinischen Zeitung*, MEW 6: 283)

Luxemburg spielte darauf an, dass für Marx und Engels noch in den 1860er Jahren ein erfolgreicher polnischer Aufstand gegen die zaristische Herrschaft deshalb von so entscheidender Bedeutung für die demokratische Bewegung in Westeuropa war, weil er das zaristische Reich geschwächt und dessen Fähigkeit zur reaktionären Intervention in Mitteleuropa gebrochen hätte. Luxemburg konterte:

> »Die meisten Äußerungen der Sozialisten in Westeuropa in Bezug auf die polnischen nationalen Bestrebungen weisen eine charakteristische Eigentümlichkeit auf: Man urteilt gewöhnlich über den inneren sozialen Charakter dieser Bestrebungen *in Polen* nach der Rolle, die man ihnen in den internationalen Verhältnissen *in Europa* zuweist. Unseres Erachtens wäre es richtiger, umgekehrt die Rolle der Bestrebungen zugunsten der Einigung Polens *für Europa* aus dem Charakter abzulei-

> ten, den sie *in Polen* selbst kraft seiner sozialen Verhältnisse haben müssen.« (GW 1.1: 42f.)

Im Jahr 1896 begann Luxemburgs Publikationstätigkeit in der von Karl Kautsky herausgegebenen *Neuen Zeit*, dem Hort des Marxismus als Wissenschaft. Während sie in ihrem ersten umfangreichen Artikel auf die polnischen sozialistischen Strömungen in Österreich und Deutschland einging, wandte sich der zweite ebenso umfangreiche Artikel »Der Sozialpatriotismus in Polen« dem Russischen Reich zu. Dabei konnte sie auf Studien zurückgreifen, die auch ihrer Dissertation zugrunde lagen. Ihre Schlussfolgerung:

> »Die Tendenzen der kapitalistischen Entwicklung in Polen führen somit zur ökonomischen Einverleibung des letzteren in das russische Reich... *Die gekennzeichnete Richtung der sozialen Entwicklung hat es mit sich gebracht, dass es in Polen jetzt keine Gesellschaftsklasse gibt, die ein Interesse an der Wiederherstellung Polens und zugleich die Kraft hätte, dieses Interesse zur Geltung zu bringen.*« (GW 1.1: 46 – Hervorh. M.B.)

Weder Adel noch Bauern, weder Bourgeoisie noch Kleinbürgertum oder Intelligenz hätten zugleich Interesse und Kraft für einen solchen nationalen Kampf. Entweder stünden ihre Interessen dem entgegen oder ihnen würde jede Kraft zu deren Durchsetzung fehlen bzw. von beidem könne keine Rede sein.

Nach Luxemburg konnte auch die Arbeiterklasse nicht das Erbe der polnischen nationalen Befreiungsbewegung antreten. Die Stärke der Arbeiterklasse hinge ab vom ökonomischen Fortschritt, der aber an die Integration in den gesamtrussischen Wirtschaftsraum geknüpft sei:

> »Würde das Proletariat die Unabhängigkeit Polens zu seinem Programm machen, so würde es sich dem ökonomischen Entwicklungsprozess entgegenstemmen.« (GW 1.1: 50)

Da der Sozialismus ganz aus den Tendenzen der ökonomischen Entwicklung begründet wird, identifizierte Luxemburg die Interessen des Proletariats weitgehend mit dieser. Ein ökonomischer Rückschritt sei unvermeidlich, wenn Polen sich von Russland abwende. Die Orientierung auf nationale Selbständigkeit erschien deshalb vergangenheitsbezogen. Würde das Proletariat sich die Forderung nach Wiederherstellung eines polnischen Staates zu eigen machen, dann gelte:

> »Sein endgültiges Ziel, den Sozialismus, das Ergebnis der sozialen Entwicklung, würde es im Rücken haben, und will es das Gesicht diesem Ziel zuwenden, so muss es der Wiederherstellung Polens den Rücken kehren.« (Ebd.)

Es ist ein Entweder-Oder. Ein ökonomischer Reduktionismus, der die Besonderheit nationaler gegenüber klassenbedingter Unterdrückung einebnet, ist unübersehbar. Die reale Unterdrückung ist jedoch ein »Herrschaftsknoten, das Ineinander-verflochten-Sein unterschiedlicher Stränge, die einander abstützen und halten« (Haug 2013: 11), der nicht so sauber in Klassenverhältnisse aufgelöst werden kann, wie Luxemburg dies will. Welcher Strang in welchem Moment den Knoten beherrscht, lässt sich nicht derart folgerichtig »marxistisch« ableiten, wie sie unterstellt.

Rosa Luxemburgs Dissertation über die industrielle Entwicklung des Königreichs Polen ist erstens eine umfassende, klar strukturierte und empirisch fundierte Studie der Integration der wachsenden polnischen Industrie in den russischen Markt. Es wird zweitens gezeigt, welches Eigeninteresse die zaristische Regierung an einer Entwicklung hatte, die Polen dauerhaft an Russland zu binden schien. Und drittens wird die These aufgestellt, dass die polnische Bourgeoisie ganz auf Russland fixiert sei und zur Niederhaltung der eigenen Arbeiterschaft ständig die zaristische Despotie anrufen würde. Eine nationale Eigenständigkeit würde die polnische Bourgeoisie deshalb aus ökonomischen wie aus politischen Gründen gleichermaßen ablehnen.

Ganz wie Marx' erster Band des »Kapital« ruft auch Luxemburg am Ausgang ihrer ökonomischen Analyse die Dialektik des historischen Prozesses an und leitet darauf in den letzten Sätzen der Dissertation eine strategische revolutionäre Schlussfolgerung ab:

> »Die kapitalistische Verschmelzung Polens und Russlands erzeugt als Endresultat, was in gleichem Maße von der russischen Regierung, der polnischen Bourgeoisie und den polnischen Nationalisten außer acht gelassen wird: die Vereinigung des polnischen und des russischen Proletariats zum künftigen Syndikus (Verwalter – M.B.) bei dem Bankrott zuerst der russischen Zarenherrschaft und dann der polnisch-russischen Kapitalherrschaft.« (GW 1.1: 211)

Strikt trat sie deshalb programmatisch für die Einheit aller sozialdemokratischen Kräfte innerhalb eines Staates ein:

> Nur »durch eine gemeinsame politische Organisation, die alle Kräfte des Proletariats im Staate zum einheitlichen, gemeinsamen politischen Kampf vereinigt, können die besonderen berechtigten Bestrebungen der verschiedenen Teile des Proletariats auf Verwirklichung rechnen« (GW 6: 76).

Zugleich hütete Luxemburg aber die Eigenständigkeit ihrer eigenen polnischen Partei gegenüber der russischen Sozialdemokratie wie ihren Augapfel.

Als Rosa Luxemburg 1898 nach Deutschland kam, konnte ihr Marxismus schon deshalb so »fertig« erscheinen, weil die in ihrem Kreis polnisch-litauischer Sozialisten formulierte politische Strategie ganz jenem Verständnis von Marxismus entsprach, wie es zu dieser Zeit hegemonial in der sozialistischen Arbeiterbewegung war. Es besaß jedoch in Osteuropa eine besondere revolutionäre Schärfe. Zentrale Elemente dieses Marxismus waren: Erstens unaufhaltsame Entwicklung hin zum Kapitalismus, zweitens damit verbundener Aufstieg der Arbeiterbewegung zur revolutionären Kraft für Demokratie und Sozialismus, drittens gemeinsame Interessen über alle nationalen Unterschiede hinweg, viertens engste Verbindung des Kampfes für die Durchsetzung unmittelbarer sozialer, politischer und kultureller Interessen mit dem Kampf für das sozialistische Endziel und fünftens Schulung der Arbeiterinnen und Arbeiter auf dieser Basis durch eine sozialdemokratische Partei. Wie Tony Cliff über Luxemburg schreibt: »Nach Deutschland brachte sie den ›russischen‹ Elan, den Elan der revolutionären Aktion. Polen und Russland brachte sie den ›westlichen‹ Geist des Selbstvertrauens in die Demokratie und die Selbstbefreiung der Arbeiterklasse.« (Cliff 1969: 89) Luxemburg brachte deshalb aber auch einen revolutionären Ton und eine harte Haltung mit in die SPD, der vielen nachrückenden Parteifunktionären völlig fremd war.

Luxemburgs Dissertation war eine originäre marxistische Leistung, widersprach in den politischen Folgerungen der von Marx und Engels entwickelten Position zur Wiederherstellung des polnischen Staates und warf implizit die Frage auf, in welchen Widerspruchsverhältnissen soziale und nationale Befreiungskämpfe stehen können, eine Frage, auf die die Gründungsväter des Marxismus selbst zu keiner Zeit eine überzeugende verallgemeinernde Antwort gefunden hatten. *Rosa Luxemburgs Marxismus der 1890er Jahre war ein Ganzes von Strategie und Theorie, dessen Komposition am festen Platz jedes einzelnen seiner Bausteine hing.* Der Angriff auf einen jeden von diesen drohte das Ganze zum Einsturz zu bringen. Deshalb traf Bernsteins Revision des Marxismus bei ihr auf so besonders scharfe Kritik. Es ging ums Ganze. Bevor auf ihren Streit mit Bernstein eingegangen werden soll, sei ein Blick nach vorn, auf Rosa Luxemburgs Positionen zur Nationalitätenfrage und Autonomie Mitte der 1900er Jahre, geworfen.

Noch einmal die polnische Frage – 1908/09

Am Geburtshaus[8] von Rosa Luxemburg klaffte am 13. März 2018 plötzlich im Putz eine Lücke. Seit 1979 war hier eine Tafel befestigt, die an Luxemburg erinnerte. Nun wurde diese Spur getilgt. Dies ist Teil einer neuen Erinnerungs- und Verdrängungspolitik der konservativen polnischen Regierung. Rosa Luxemburg wird vorgeworfen, der Wiederherstellung des polnischen Staates feindlich gegenübergestanden zu haben. Das Recht auf natio-

---

[8] Wahrscheinlich zog Luxemburgs Familie erst wenige Monate nach ihrer Geburt in dieses Haus (siehe den Kommentar von Holger Politt 2018).

nale Selbstbestimmung der Völker hätte sie abgelehnt. Doch die Wahrheit ist konkret (siehe Politt 2012, auf den ich mich stütze).

Will man Rosa Luxemburgs Position zur Frage der Wiederherstellung eines polnischen Staates verstehen, so muss man vor allem begreifen, dass sie – anders als andere Sozialisten – davon ausging, dass »die Grenzen zwischen den großen Flächenstaaten«, die Polen unter sich aufgeteilt hatten, »unverrückbar« waren: »Die Einschnitte, Verwerfungen und gewaltigen Änderungen, die auf der politischen Landkarte Europas im Ergebnis des Ersten Weltkriegs, also nur wenige Jahre später sich einstellen werden, wusste sie nicht zu antizipieren. Hier werden umgekehrt alle diejenigen auf die große Bühne der Politik gespielt werden, die sich im mittleren und östlichen Teil Europas für unabhängige Nationalstaaten eingesetzt hatten, so wie es in Polen Piłsudski getan hatte.« (Politt 2012: 30) Wie Luxemburg auf dem Internationalen Sozialistenkongress im Juni 1900 in Paris sagte, seien sie und ihre Genossen davon überzeugt,

> »dass das Proletariat weder zur Veränderung der politischen und kapitalistischen Geographie noch zur Neubildung bürgerlicher Staaten in der Lage ist, sondern dass es gezwungen ist, sich auf den bestehenden, historisch entstandenen Grundlagen zu organisieren, um die sozialistische Macht und soziale Republik zu erobern« (GW 6: 303).

Anders als Lenin im Jahr 1903 rechnete sie nicht »mit *allen* möglichen und sogar mit allen überhaupt *denkbaren* Wechselfällen« (LW 6: 458). Als am Ende des Ersten Weltkriegs alle drei Reiche zusammengebrochen waren, die Polen seit 1772 unter sich aufgeteilt hatten, war die Geographie radikal verändert, ein vorher nur »denkbarer« Fall war tatsächlich eingetreten. Alle Aussagen von Luxemburg lassen sich aber nur dann verstehen, wenn man akzeptiert, dass sie genau diese Situation völlig ausgeschlossen hatte. Ihre Frage war, wie sozialistische Politik durch polnische Sozialdemokraten unter der Bedingung der *stabilen* Existenz des russischen, deutschen und habsburgischen Reiches möglich ist und nicht bei deren gemeinsamem Zusammenbruch.

Ihre umfassendsten Ausführungen dazu schrieb sie 1908/09 für die von Jogiches redigierte Zeitschrift *Przeglad Socjaldemokratycny* unter dem Titel »Nationalitätenfrage und Autonomie«.

Luxemburgs Ausgangsposition war, dass revolutionäre Realpolitik sich nicht von abstrakten Idealen leiten lassen dürfe, die nicht umsetzbar seien. Solch ein abstraktes Ideal ist für sie mit Blick auf Polen die Schaffung eines modernen Nationalstaats. Sie hielt dies für ein »Hirngespinst« (AR: 45). Politik müsse auf dem Boden der Tatsachen gemacht werden:

> »Die Forderungen des politischen Programms sind mit dem bestimmten Ziel abgefasst, eine unmittelbare, praktische und auf dem Boden des bürgerlichen Systems durchführbare Lösung jener brennenden Aufgaben im gesellschaftlichen und politischen Leben zu ermöglichen, die in das Gebiet des Klassenkampfes des Proletariats eingreifen, damit sie als Wegweiser für die Alltagspolitik und ihre Bedürfnisse dienen, damit sie die politische Aktion der Arbeiterpartei hervorrufen und in die entsprechende Richtung führen, damit sie schließlich die revolutionäre Politik des Proletariats von der Politik bürgerlicher und kleinbürgerlicher Parteien abgrenzen« (NA: 50).

Sie ergänzte: »Der Sozialismus der modernen Arbeiterklasse, der wissenschaftliche Sozialismus vor allem, gefällt sich nicht in möglichst radikal und großmütig klingenden Lösungen von gesellschaftlichen und nationalen Fragen, sondern er prüft zunächst einmal die realen Bedingungen für diese Aufgaben.« (NA: 59)

Luxemburg war eine polnische Patriotin, wenn man Patriotismus an der Liebe zur und Achtung der eigenen nationalen Kultur und dem Einsatz für die Menschen, die diese Kultur verkörpern, misst. Nur führte für sie der Weg zur freien Entfaltung der polnischen Kultur nicht über einen polnischen Nationalstaat, sondern über den Sozialismus.

> Die »Gesellschaft erobert erst dann die faktische Möglichkeit einer freien Selbstbestimmung über ihr nationales Da-

sein, wenn sie die Möglichkeit besitzt, bewusst über ihre wirtschaftliche Existenz, über ihre Produktionsbedingungen zu bestimmen. ›Nationen‹ werden ihr historisches Dasein dann beherrschen, wenn die menschliche Gesellschaft ihren gesellschaftlichen Prozess beherrschen wird.« (NA: 72)

Der Weg über den Nationalstaat sei ein Umweg, wenn der Kapitalismus in einem großen Flächenstaat einmal entstanden sei. Er führe zurück in die Vergangenheit (NA: 93, 103). Sie ging von einer Reihe von Annahmen aus, die unbedingt ernst zu nehmen sind, will man ihre Folgerungen beurteilen – ob man diese Annahmen teilt oder nicht. Vor allem betonte sie, dass alle großen Nationalstaaten »Eroberungsstaaten« (NA: 66) sind, die sich ganze Imperien schaffen und zugleich die kleinen Staaten in völliger Abhängigkeit halten, sodass von wirklicher Selbstbestimmung nicht gesprochen werden könne (siehe NA: 65), selbst wenn diese kleineren Staaten formal völlig unabhängig seien. Angesichts der Tendenz des Kapitalismus zur Zentralisierung könne der Versuch, neue Nationalstaaten in Europa zu gründen, nur reaktionär wirken und die Unterdrückung von nationalen Minderheiten verschärfen. Die Demokratisierung der vorhandenen Flächenstaaten und die Erkämpfung der bürgerlichen und kulturellen Freiheiten in diesen, vor allem auch der Freiheiten, die eigene Sprache und Kultur zu pflegen, der Aufbau eines entsprechenden Bildungssystems usw., schienen ihr unter den gegebenen Bedingungen der einzig mögliche progressive Weg.

Bewusst verwandte sie für die eigenen Auffassungen deshalb auch den Terminus Nationalitätenfrage im Unterschied zur nationalen Frage. Ihre Vision war die radikale Demokratisierung der Flächenstaaten als Bedingung für eine darüber hinausweisende sozialistische Revolution in Ost- und Ostmitteleuropa. Der Kampf um den Nationalstaat, so ihre feste Überzeugung, würde den Kampf um den Sozialismus zwangsläufig verdrängen und die progressiven Kräfte schwächen. Luxemburg folgte Lenin nicht, für den der Nationalismus *jeder* unterdrückten Nation »einen allgemein demokratischen Inhalt« (LW 20: 415) hat. Sie suchte nachzuweisen, dass sich ein solcher allgemeiner Inhalt nur durch den Kampf um die Demokratisierung des Gesamtstaates entfalten könne. Für Lenin war der »Nationalismus der Großrussen« die eigentliche Gefahr, denn es sei »ein feudaler Nationalismus« (ebd.). Genau diesen reaktionären Charakter unterstellte Luxemburg aber auch dem polnischen Nationalismus.

Luxemburg zeigte den rassistisch-kolonialistischen Hintergrund der Debatte auf. Oft würde »die Frage der Kolonialeroberungen von der Nationalitätenfrage« getrennt.

> »Dieser Standpunkt wird durch die Verteidiger des ›Rechts der Nationen‹ sogar häufig bewusst oder unbewusst eingenommen und entspricht auch der Haltung, wie sie z.B. Eduard David in der deutschen Sozialdemokratie oder van Kol in der holländischen in der Frage der Kolonialpolitik einnehmen, bei denen Kolonialeroberungen überhaupt ein Ausdruck der zivilisatorischen Mission durch die europäischen Völker sind, die sogar im sozialistischen System notwendig sein würden. Diese Haltung lässt sich als eine ›europäische‹ Anwendung des philosophischen Grundsatzes von Fichte in Ludwig Börnes bekannter Umschreibung auf einen kurzen Nenner bringen: ›Ich bin ich, und was außer mir ist nur Lebensmittel.‹ Wenn nun lediglich die europäischen Völker als eigentliche Nationen, die Kolonialvölker hingegen als ›Lebensmittel‹ angesehen werden, dann kann in Europa von ›Nationalstaaten‹ gesprochen werden… Doch in diesem Fall würde das ›Recht der Nationen auf Selbstbestimmung‹ zu einer Theorie der herrschenden Rassen werden und verriete deutlich seine wahre Herkunft aus der Ideologie des bürgerlichen Liberalismus.« (NA: 68)

Kritisch wandte sich Luxemburg gegen die Vorstellung, man müsse als Sozialdemokrat einfach der Mehrheitsmeinung in der Nationalitätenfrage folgen. Die »traditionellen Bewusstseinsformen« der Mehrheit seien »zumeist den Idealen und Bestrebungen des Sozialismus feindliche Formen des bürgerlichen Bewusstseins« (NA 75) und man müsse sie revolutionieren.

Für das russische Reich entwickelte Rosa Luxemburg umfassende Vorstellungen der territorialen Selbstverwaltung mit gesicherten Rechten für die Angehörigen der verschiedenen Nationalitäten. Detailliert arbeitete sie dies auf den Feldern von öffentlicher Daseinsvorsorge, Bildung und Kultur, der lokalen Infrastruktur usw. aus. Angesichts der Verteilung vieler Nationalitäten über viele Regionen des russischen Reiches ging sie davon aus, dass es keine Grundlage für eine Selbstverwaltung auf der Basis von Nationalitäten gäbe – mit einer Ausnahme: das Königreich Polen. Nur hier seien die Voraussetzungen für eine Landesautonomie gegeben – nur hier weise die betreffende Nationalität »eine eigene bürgerliche Entwicklung ..., ein eigenes Stadtleben, eine eigene Intelligenz, ein eigenes literarisches und wissenschaftliches Leben« (NA: 168) auf. Kein anderes relativ geschlossenes Territorium des russischen Reiches verfüge über ähnliche Bedingungen.[9]

---

[9] Lenin wandte in seiner Kritik ein, dass dies durch den Zuschnitt der Territorien im russischen Reich bedingt sei und sich nach einer Revolution natürlich ändern würde (LW 20: 34).

4. Die Konzipierung revolutionärer Realpolitik

> »*Die Sozialdemokratie hat ... in ihrem Programm viele Forderungen, die auch von einer bürgerlichen Regierung ... angenommen werden könnten... In diesem Falle zeigt sich aber wiederum ..., dass es bei dem sozialdemokratischen Kampf in erster Linie nicht auf das* Was, *sondern auf das* Wie *ankommt.«* (GW 1.1: 485)

Am 16. Mai 1898 traf Rosa Luxemburg in Berlin ein. Hier, in der Hauptstadt des Deutschen Reiches, wollte sie sich nach Abschluss ihrer Dissertation in der stärksten und einflussreichsten sozialdemokratischen Partei Europas ein neues Tätigkeitsfeld erschließen. Ihre Veröffentlichungen in der deutschen Parteipresse zur polnischen Frage und ihr Auftreten auf Kongressen der Zweiten Internationale hatten ihr schon einige Bekanntheit verschafft. Zudem war die polnische Frage auch eine innerdeutsche Frage. Schon kurz nach ihrer Ankunft stürzte Luxemburg sich nach Abstimmung mit dem Vorstand der SPD in den Wahlkampf in Oberschlesien. Ihr Vorschlag, auch bei den Stichwahlen an anderen Orten als Rednerin eingesetzt zu werden, wurde aber abgelehnt (siehe Laschitza 2002: 89). Ihr Platz schien definiert – die Arbeit unter polnischen Arbeiterinnen und Arbeitern im Deutschen Reich.

Die von Eduard Bernstein im Frühjahr 1898 ausgelöste Diskussion um Programmatik und Strategie der Sozialdemokratie bot ihr jedoch die Chance, in das Zentrum der sozialdemokratischen Politik in Deutschland vorzustoßen. Mit ihrer Intervention in diese Diskussion betrat die 27-Jährige die große Bühne der deutschen Sozialdemokratie. Systematisch vorbereitet, schrieb sie in nur zwei Tagen eine erste Artikelserie für die *Leipziger Volkszeitung* (GB 1: 204). Schon im Oktober 1898 nahm sie als Delegierte am Stuttgarter Parteitag teil, eine von sechs weiblichen der insgesamt 252 Delegierten und eine von sechs Anwesenden mit akademischem Grad (siehe Hirsch 1969: 37).

Bernsteins Revision des Marxismus stellte genau jenes Verständnis von Strategie der Sozialdemokratie radikal infrage, das sich Luxemburg und ihre polnischen Genossen im Jahrzehnt zuvor erarbeitet hatten. Die Vehemenz, mit der Luxemburg in die deutsche Diskussion eingriff, erklärt sich auch daraus. Für sie ging es um den Kern dessen, was sie als revolutionäre Sozialdemokratie verstand. Es ist kein Zufall, dass Alexander Parvus (Israil Lasarewitsch Helphand, 1867-1924) gemeinsam mit Luxemburg zu den entschiedensten Gegnern von Bernstein gehörte. Er teilte mit ihr die Erfahrungen einer sehr engen Verbindung von Kampf um Alltagsinteressen und revolutionärer Tätigkeit im zaristischen Reich. Zwei osteuropäische Außenseiter waren es, die in der SPD den Angriff auf Bernstein anführten.

Neue Fragen an alte Antworten
Eduard Bernstein (1850-1932) war schon 1872 der Sozialdemokratischen Arbeiterpartei um Bebel und Liebknecht (den »Eisenachern«) beigetreten und hatte mit diesen an der Vorbereitung des Vereinigungsparteitags mit dem *Allgemeinen Deutschen Arbeiterverein*, den Lassalleanern, mitgewirkt. Während des Sozialistengesetzes musste er emigrieren, erst in die Schweiz und später, nach Ausweisung aus der Schweiz, nach England. Er war in dieser Zeit Redakteur des *Sozialdemokrat*, der erst in der Schweiz und dann in England herausgegeben wurde. Die Zeitung wurde über viele Jahre illegal nach Deutschland gebracht und fand weite Verbreitung.

Bernstein hatte mit Karl Kautsky entscheidend am Erfurter Parteiprogramm der SPD von 1891 mitgearbeitet und die Grundzüge des sogenannten Minimalprogramms, die konkreten Reformforderungen, geprägt. In England stand Bernstein zudem im freundschaftlichen Kontakt zu Friedrich Engels, der ihn sehr schätzte. Bernstein gehörte damit zu dem engsten Kreis der Partei und galt mit Kautsky als einer ihrer beiden Vordenker.

Unmittelbar nach dem Tod von Friedrich Engels hatte Bernstein begonnen, seine Zweifel an wesentlichen programmatischen Grundannahmen der sozialdemokratischen Strategie zum Ausdruck zu bringen. 1896/97 erschien eine Folge von Artikeln unter dem Titel »Probleme des Sozialismus. Eigenes und Übersetztes«. Er verwies darauf, dass es neben dem Utopismus der

»Zukunftsstaatsmodelei« noch einen anderen Utopismus gäbe. Der Sozialismus erscheine als Erlösung von allen Übeln, und dies »in kürzester Zeit«: »Es wird ein großer Strich gemacht: hier die kapitalistische, dort die sozialistische Gesellschaft. Von systematischer Arbeit in der ersteren ist nicht die Rede, man lebt von der Hand in den Mund und lässt sich von den Ereignissen treiben. Die Berufung auf den sehr einseitig gedachten Klassenkampf und die ökonomische Entwicklung muss über alle theoretischen Schwierigkeiten hinweghelfen.« (Bernstein 1897: 165)

Was anfangs als offenes Nachdenken über ungelöste programmatische Probleme, über »Einseitigkeiten« und »theoretische Schwierigkeiten« erschien und in vielen Artikeln Bernsteins dieser Jahre in der *Neuen Zeit* zum Ausdruck kam, wurde aber in kurzer Zeit zu einer direkten Infragestellung der Strategie der SPD, wie sie auf dem Erfurter Parteitag ihre gültige Form angenommen hatte, aber bis in die frühen 1870er Jahre zurückging. Im Januar 1898 erschien Bernsteins Artikel »Der Kampf der Sozialdemokratie und die Revolution der Gesellschaft«, der die Grenze zwischen dem Zweifel und der Empfehlung für einen Wechsel der Parteistrategie eindeutig überschritt und zu einem Skandal wurde:

»Ich gestehe es offen, ich habe für das, was man gemeinhin unter ›Endziel des Sozialismus‹ versteht, außerordentlich wenig Sinn und Interesse. Dieses Ziel, was immer es sei, ist mir gar nichts, die Bewegung alles. Und unter Bewegung verstehe ich sowohl die allgemeine Bewegung der Gesellschaft, d. h. den sozialen Fortschritt, wie politische und wirtschaftliche Agitation und Organisation zur Bewirkung dieses Fortschritts. Die Sozialdemokratie hat also danach den baldigen Zusammenbruch des bestehenden Wirtschaftssystems, wenn er als Produkt einer großen verheerenden Geschäftskrisis gedacht wird, weder zu gewärtigen, noch zu wünschen. Was sie zu tun, und darauf auf lange hinaus zu tun hat, ist, die Arbeiterklasse politisch zu organisieren und zur Demokratie auszubilden, und für alle Reformen im Staate zu kämpfen, welche geeignet sind, die Arbeiterklasse zu heben und das Staatswesen im Sinne der Demokratie umzugestalten.« (Bernstein 1898: 556)

Bernsteins Deutung der Epochensituation und seine strategischen Folgerungen standen im direkten Widerspruch zu den Annahmen, die der Strategie der SPD bis dahin offiziell zugrunde lagen. Sie wiesen der Partei eine völlig neue Richtung, die als sozialreformerisch nach innen und sozialimperialistisch nach außen verstanden werden musste. Die strategischen Konsequenzen wurden in dem Maße klarer, wie Bernstein auf Anraten von August Bebel begann, seine Auffassungen zu systematisieren und die »Dunkelheiten und Zweideutigkeit«, so Bebel (zitiert in Papcke 1979: 28), auszuräumen. Dabei wurde deutlich, dass Bernstein nicht etwa praxisferne Annahmen infrage stellte, sondern die Praxis der SPD selbst. Sie sollte ihren Charakter als Partei des Klassenkampfes aufgeben. Das Ziel der Eroberung der politischen Macht, dessen Erringung durch legale Kämpfe um Wahlerfolge, soziale und demokratische Reformen und offensive Agitation vorbereitet werden sollte, wurde nebensächlich, die Reformen wurden der eigentliche Zweck. Bernsteins zentrale These war: Der Einfluss der SPD »würde ein viel größerer sein, als er heute ist, wenn die Sozialdemokratie den Mut fände, sich von einer Phraseologie zu emanzipieren, die tatsächlich überlebt ist, und *das scheinen zu wollen, was sie heute in Wirklichkeit ist: eine demokratisch-sozialistische Reformpartei*« (Bernstein 1969: 196).

Die Strategie der SPD von 1891

Was Bernstein »Phraseologie« nannte, war der Kern der Überzeugungen der Überväter der SPD, August Bebels wie Wilhelm Liebknechts. Als sich die SPD nach dem Fall des Sozialistengesetzes wieder öffentlich in Deutschland zusammenfinden konnte, nach 1890, gab sie sich mit dem Erfurter Parteiprogramm eine Grundlage, die in den Augen ihrer anerkannten Führer erstens auf der wissenschaftlichen Grundlage des Marxismus basierte, zweitens den realen Bedingungen des deutschen Kaiserreichs und des Kapitalismus dieser Zeit entsprach und sich drittens bewährt hatte. Sieht man sich die Reden von Liebknecht und Bebel auf dem Erfurter Parteitag an, wird deutlich, dass die gewählte Strategie keinesfalls nur (aber natürlich auch) taktisch inspiriert war, sondern von fester Überzeugung getragen wurde.

Nach der gescheiterten Revolution von 1848/49 und der blutigen Niederschlagung der Pariser Kommune wurde offensichtlich, dass die sozialistische Arbeiterbewegung sich auf eine Situation einstellen musste, in der bewaffnete Revolutionen unwahrscheinlicher und zugleich legale Kampfformen realistischer werden. Das allgemeine Wahlrecht und die schrittweise Legalisierung der Gewerkschaften sowie der sozialen wie kulturellen Vereine der Arbeiterinnen und Arbeiter boten neue Möglichkeiten. Noch in der Zeit des Sozialistengesetzes hatte die SPD die Losung ausgegeben: »An unserer Gesetzlichkeit müssen unsere Feinde zugrunde gehen.«

Die von der SPD und ihren Vorläufern seit den frühen 1870er Jahren verfolgte Strategie bildete eine konsistente Einheit von Annahmen und Folgerungen, deren Scheitern 1914 den früheren Erfolg verdunkelt hat. Auf dem Erfurter Parteitag hatten Wilhelm Liebknecht, der zum Programm sprach, und August Bebel, der zur Taktik – sprich Strategie – redete, diese Einheit noch einmal begründet. Deutlicher als im Parteiprogramm selbst wurden hier die Intentionen der SPD-Führung offensichtlich. Liebknecht machte stark, wie sehr das neue Programm und die in ihm verankerte Strategie der von Marx und Engels entsprach. Für ihn war die Entwicklung der Partei seit 1875 vor allem auch »die wissenschaftliche Entwicklung der Partei, die Erziehung zum wissenschaftlichen Sozialismus« (SPD 1891b: 329), d.h. Marxismus. Roter Faden des Programms sei der Gedanke, »dass diejenigen, welche die Produktionsmittel besitzen, in diesen die Mittel zur Knechtung, Ausbeutung und Proletarisierung ihrer nicht im Besitz von Produktionsmittel befindlichen Mitmenschen haben« (SPD 1891b: 333). Ganz im Geiste von Marx' »Kapital« und der dort entwickelten Akkumulationstheorie sowie den Schriften von Engels betonte Liebknecht: »Die Spaltung der Gesellschaft wird immer tiefer und vollständiger – was zwischen beiden Extremen, Kapitalist und Proletarier steht, die sogenannten Mittelschichten … verschwinden mehr und mehr.« Mit Naturnotwendigkeit vollziehe sich »*Expropriation in Permanenz*« (SPD 1891b: 337).

Polarisierung zwischen immer weniger Kapitaleigentümern und den eigentumslosen Proletarierinnen und Proletariern sowie wachsende interne Krisenhaftigkeit und Tendenz zum Weltkrieg würden, so die Annahme der Führer der SPD, eine Situation herbeiführen, die teils als Zusammenbruch des kapitalistischen Systems, teils als Katastrophe oder – durch Bebel – als »Kladderadatsch« bezeichnet wurden. Die Strategie war genau darauf berechnet: Es ging darum, mit legalen Mitteln (Bebel nennt vor allem Agitation, Wahlen und gewerkschaftlichen Kampf) eine gesellschaftlich verankerte politische Kraft aufzubauen, die fähig wäre, mit aller Entschiedenheit und politischen Überzeugtheit in eine solche große Krise einzugreifen.

Wie August Bebel auf dem Parteitag von 1891 ausführte: »Die bürgerliche Gesellschaft arbeitet so kräftig auf ihren eigenen Untergang los, dass wir nur den Moment abzuwarten brauchen, in dem wir die ihren Händen entfallende Gewalt aufzunehmen haben... Ja, ich bin überzeugt, die Verwirklichung unserer letzten Ziele ist so nahe, dass Wenige in diesem Saale sind, die diese Tage nicht erleben werden... Die Entwicklung der ökonomischen Verhältnisse, die fortgesetzten Kriegsrüstungen, wo sich jeder sagen muss, kommt der Krieg nicht heute oder morgen, so kommt er übermorgen sicher, und die Gewissheit, dass alle diese Dinge zum Verderben der heutigen Gesellschaft ausschlagen, das Alles hat herbeigeführt, dass keiner mehr leugnet, wir treiben einer Katastrophe zu.« (SPD 1891b: 172, 175)

Es ginge immer darum, so Bebel, »die Partei *kampffähiger* zu machen, um das große, ganze Ziel *rascher* und *ausgiebiger* zu erreichen« (ebd.: 278). Bebel warnte seine Genossen, in der Stunde der Krise und Entscheidung müsse man bereit sein: »Nehmt Euch in Acht, es geht Euch eines Tages wie den törichten Jungfrauen in der Bibel, wenn der Bräutigam kommt, dann haben sie kein Öl auf der Lampe. Mit anderen Worten: Ihr scheint so wenig die wahre Situation zu begreifen, dass Ihr überrascht werdet von den Ereignissen und nicht wisst, was Ihr zu tun habt. Es ist nicht das erste Mal, dass es bei großen Umgestaltungen der Führerschaft so erging.« (Ebd.: 281) Die Zentralität des Kampfes um die politische Macht wurde dadurch begründet, dass die sozialistischen Verhältnisse des gesellschaftlichen Eigentums anders als die kapitalistischen Eigentumsverhältnisse *nicht* im Schoße der alten Gesellschaft entstehen könnten, sondern bewusst politisch geschaffen werden müssten. Hatte das Bürgertum erst die ökonomische und dann die politische Macht errungen, so müsse die Arbeiterbewegung diese Reihenfolge umkehren, um ihr Ziel, den Sozialismus, durchzusetzen: »Wir sind nicht in der Lage, die Herrschaft der Arbeiterklasse zu errichten auf der Gewinnung der ökonomischen Macht, wir müssen zum umgekehrten Mittel greifen. In erster Linie haben wir die politische Macht zu erobern und diese zu benutzen, um auch die ökonomische Macht durch die Expropriation der bürgerlichen Gesellschaft zu erreichen. Ist die politische Macht in unseren Händen, so findet sich das Weitere von selbst.« (Ebd.: 159)

Bernsteins Totalrevision des Marxismus

Bernstein hatte nach und nach alle Annahmen infrage gestellt, die dem Erfurter Parteiprogramm und der »bewährten Taktik« zweier Jahrzehnte zugrunde lagen.[10] Erstens versuchte er zu zeigen, dass es starke Gegenbewegungen zur Konzentration des Kapitals gäbe und es keineswegs so sei, dass zunehmend alle Produktionsmittel in den Händen weniger Kapitalisten zentralisiert würden. Gerade die Aktiengesellschaften würden eine Streuung der Vermögen befördern. Sie mache die »Aneignung von Kapitalen durch einzelne Magnaten zum Zwecke der Konzentrierung gewerblicher Unternehmen überflüssig« (Bernstein 1969: 75). Auch könne nicht davon die Rede sein, dass die kleinbürgerlichen, bäuerlichen und Mittelschichten einfach verschwinden würden und sich die Klassenstruktur polarisiere: »Weit entfernt, dass die Gliederung der Gesellschaft sich gegen früher vereinfacht hätte, hat sie sich vielmehr, sowohl was die Einkommenshöhe als was die Berufstätigkeiten anbetrifft, *in hohem Grade abgestuft*

---

[10] Hier ist nicht der Ort, Bernsteins Position angemessen zu würdigen. Sein bleibendes Verdienst war es, die Schwächen des Marxismus seiner Zeit aufzudecken und wichtige Annahmen mit den gegenläufigen Tendenzen zu konfrontieren. Wie Luxemburg steckte er ganz in den Widersprüchen seiner Zeit und der sozialistischen Bewegung (siehe Eichhorn 2001) und suchte sie in Bewegung zu setzen. Während Luxemburg auf Revolutionierung setzte, so Bernstein auf Reformierung.

und differenziert.« (Bernstein 1969: 79) Vor allem aber sah Bernstein eine klare Tendenz zur Demokratisierung und dies auch in der Wirtschaft: »Politisch sehen wir das Privilegium der kapitalistischen Bourgeoisie in allen vorgeschrittenen Ländern Schritt für Schritt demokratischen Einrichtungen weichen. Unter dem Einfluss dieser und getrieben von der sich immer kräftiger regenden Arbeiterbewegung hat eine gesellschaftliche Gegenaktion gegen die ausbeuterischen Tendenzen des Kapitals eingesetzt, die zwar heute noch sehr zaghaft und tastend vorgeht, aber doch da ist und immer mehr Gebiete des Wirtschaftslebens ihrem Einfluss unterzieht.« (Bernstein 1969: 10)

Ausgehend von dieser Sicht stellte Bernstein infrage, dass es tatsächlich wieder zu großen Krisen kommen könne, die den Kapitalismus an den Rand des Zusammenbruchs bringen würden: »Der Kreis der Industrien und ihrer Märkte scheint heute zu groß, um an allen Punkten gleichzeitig und mit gleicher Schwere von Krisen getroffen werden zu können, es sei denn, dass ganz außergewöhnliche Ereignisse die Geschäftswelt aller Länder gleichmäßig in Schrecken jagen, überall gleicher Weise den Kredit lähmen. Ich sage nicht, dass dem so ist, sondern drücke nur eine Vermutung aus. Vestigia terrent [die Spuren schrecken] – ich habe von dem Prophezeien in diesen Dingen einen Heidenrespekt. Aber die *Elastizität* des modernen *Kreditwesens* bei *enorm anschwellendem Kapitalreichtum*, der vervollkommnete Mechanismus des Verkehrs in allen seinen Zweigen [...], das sind *Tatsachen,* und es ist ganz undenkbar, dass sie nicht auf die Beziehung von Produktionstätigkeit und Marktlage von bedeutendem Einfluss sein sollten... Ein annähernd gleichzeitiger völliger Zusammenbruch des gegenwärtigen Produktionssystems wird mit der fortschreitenden Entwicklung der Gesellschaft nicht wahrscheinlicher, sondern unwahrscheinlicher.« (Bernstein 1898: 554, 555)

Damit verwarf Bernstein die Ausrichtung der SPD auf die *Vorbereitung* für ein entschiedenes revolutionäres Handeln in einer ökonomisch-politischen Krise. Die SPD sollte nicht mehr als »Gewalthaufen« in Wartestellung, sondern vor allem als Reformkraft wirken. Sie müsse die Drohung mit einer politischen Systemveränderung aufgeben und sich als systemimmanente Kraft erweisen, die die sowieso schon laufenden Prozesse der Relativierung der Übermacht des Kapitals vorantreibt. Diese Vorstellung ließ sich aber nur halten, wenn davon ausgegangen wurde, dass diese Reformpolitik, auf die die SPD eingeschworen werden sollte, mehr erreicht als nur ein paar »Konzessiönchen« (Bebel), sondern eine Art von Systemtransformation auslöste.

Was durch Bernstein strategisch angedacht wurde, war die Verbindung von schrittweiser Sozialisierung der Produktion durch Ausbau der gewerkschaftlichen Macht der Arbeiterinnen und Arbeiter, durch Stärkung einer demokratischen Kontrolle des Staates über die Wirtschaft und den wachsenden Einfluss der Arbeiterbewegung auf die staatliche Politik. Während für Marx und Engels die Arbeiter nur dadurch zur wirtschaftlich herrschenden Klasse werden können, dass sie zuerst die politische Macht ergreifen, wird bei Bernstein die politische Macht zur abgeleiteten Größe der wachsenden wirtschaftlichen Macht der Arbeiterklasse: »Demokratie heißt *jedesmal soviel Herrschaft der Arbeiterklasse, als diese nach ihrer intellektuellen Reife und dem Höhegrad der wirtschaftlichen Entwicklung überhaupt auszuüben fähig ist.*« (Bernstein 1969: 11)

Was am Ende dann von Sozialismus bleibt, ist nach Bernstein ein »organisatorischer Liberalismus« (Bernstein 1969: 161), d.h. die liberale demokratische Organisation von Korporationen. Weder dürften die Gewerkschaften danach streben, selbst die Produktion zu organisieren, noch sei erkennbar, dass Genossenschaften gegenüber der privaten Produktion überlegen seien. Die Macht- und Eigentumsfragen, Herzstück des Marxismus, traten in Bernsteins Sicht völlig in den Hintergrund, und so konnte er schreiben: »Sobald eine Nation einen politischen Zustand erreicht hat, wo das Recht der besitzenden Minderheit aufgehört hat, ein ernsthaftes Hindernis für den sozialen Fortschritt zu bilden, wo die negativen Aufgaben der politischen Aktion zurücktreten hinter den positiven, da wird die Berufung auf die gewaltsame Revolution zur inhaltlosen Phrase. Man kann eine Regierung, eine privilegierte Minderheit stürzen, aber nicht ein Volk.« (Bernstein 1969: 213)

In eine offen reaktionäre Richtung kippte Bernsteins Position dort, wo er sich mit der sogenannten Kolonialfrage auseinandersetzt. Ausdehnung der Märkte und Steigerung der »Produktivität« werden zu den zentralen Kriterien des ökonomischen Fortschritts und die Interessen der Arbeiterbewegung werden mit einem solchen »Fortschritt« gleichgesetzt. Die Blindheit gegenüber den ausbeuterischen und unterdrückenden Seiten der kapitalistischen Industriegesellschaft nach innen (es wird Bernstein nachgesagt, dass er in seiner Zeit in England nie ein kapitalistisches Unternehmen von innen gesehen habe), geht einher mit der offenen Befürwortung kolonialer Unterwerfung in Afrika oder Asien – natürlich in »zivilisierten« Formen. Er misst die wirtschaftliche »Kultur« an der Zahl von Menschen, die auf einem bestimmten Territorium leben können (»Bevölkerungsfähigkeit«) und leitet daraus nichts weniger ab als die Pflicht (!) zur Eroberung: »An diesem Maßstab gemessen, hat, unter sonst gleichen Umständen, die höhere Kultur gegenüber der niederen stets *das höhere Recht auf ihrer Seite*, hat sie gegebenenfalls das geschichtliche *Recht*, ja, die *Pflicht*, sich jene zu unterwerfen.« (Bernstein 1900: 551) Auf der Grundlage solchen Rechts wie solcher Pflicht wird dann zugleich behauptet, dass »die Sozialdemokratie der natürliche Anwalt der Eingeboren« sei, »die unter die Oberherrschaft oder Schutzherrschaft ihres Landes geraten« (Bernstein 1900: 561).

Bernstein warf zentrale theoretische Fragen auf, ohne in der Lage zu sein, sie konsistent zu beantworten. Seine Stärke lag darin, die Grundannahmen des Marxismus, wie er in der Zweiten Internationale verbreitet war, zu hinterfragen. Er konnte zeigen, dass Annahmen über die Vereinfachung und stetige Polarisierung der Klassenstruktur nicht haltbar waren; dass die Tendenzen von Konzentration und Zentralisation des Kapitals auf starke Gegentendenzen stießen; dass unter der Dominanz der Kapitalverwertung Prozesse in Gang gebracht werden, die wesentliche soziale und kulturelle Bedürfnisse zur Geltung bringen können und die Arbeiterinnen und Arbeiter integrieren. Er stellte infrage, dass es zu einer Zusammenbruchskrise kommen müsse, und verwies darauf, dass man sich ernsthaft mit den Fragen einer sozialistischen Gestaltung der Wirtschaftsverhältnisse beschäftigen müsse. Die Probleme der Komplexität wirtschaftlicher Prozesse seien mit der einfachen Überführung in staatliches bzw. genossenschaftliches Eigentum nicht gelöst, auch müsse sich die Leistungskraft dieser Eigentumsformen erst noch bestätigen. Es sind dies alles Fragen von Kapitalismus- und Sozialismustheorie, die bis heute offengeblieben sind. Bernstein betonte diese Aspekte und schob gegenläufige Tendenzen seinerseits an den Rand; so entstand das Bild einer evolutionär fortschreitenden kapitalistischen Gesellschaft, die sich schrittweise sozialistisch aufhebt.

Der Hammerschlag der Revolution
Rosa Luxemburg hatte in Auseinandersetzung mit der sozialdemokratischen Strategie im russisch besetzten Königreich Polen eine Position entwickelt, die darauf zielte, die Vertretung der unmittelbar drängendsten Tagesbedürfnisse der Arbeiterinnen und Arbeiter (soziale und demokratische Interessen) mit einer revolutionären sozialistischen Perspektive zu verbinden. Dies machte für sie das Wesen sozialdemokratischer Strategie überhaupt aus, ganz unabhängig von den jeweiligen Bedingungen. Ihre Position war absolut eindeutig:

> »Die Bewegung als solche ohne Beziehung auf das Endziel, die Bewegung als Selbstzweck ist mir nichts, das Endziel ist uns alles« (GW 1.1: 241). Die Leistung von Marx sah sie darin, den Leitfaden für eine solche »revolutionäre Realpolitik« begründet zu haben: »Dank diesem Leitfaden ist es der Arbeiterklasse zum erstenmal gelungen, die große Idee des sozialistischen Endziels in die Scheidemünze der Tagespolitik umzuwechseln und die politische Kleinarbeit des Alltags zum ausführenden Werkzeug der großen Idee zu erheben. Es gab vor Marx eine von Arbeitern geführte bürgerliche Politik und es gab revolutionären Sozialismus. Es gibt erst seit Marx und durch Marx *sozialistische Arbeiterpolitik*, die zugleich und im vollsten Sinne beider Worte *revolutionäre Realpolitik* ist. Wenn wir nämlich als Realpolitik eine Politik erkennen, die

> sich nur erreichbare Ziele steckt und sie mit wirksamsten Mittel auf dem kürzesten Wege zu verfolgen weiß, so unterscheidet sich die proletarische Klassenpolitik im Marxschen Geiste darin von der bürgerlichen Politik, dass die bürgerliche Politik vom Standpunkt der *materiellen Tageserfolge* real, während die sozialistische Politik es vom Standpunkte der *geschichtlichen Entwicklungstendenz* ist.« (GW 1.2: 373)

Luxemburgs Begründung einer revolutionären Realpolitik im Revisionismusstreit erfolgte dadurch, dass sie alle zentralen Grundannahmen von Bernstein zurückwies. Für sie war klar, dass Theorie und Praxis eine Einheit bilden müssten:

> »Unsere Taktik hängt [...] gar nicht allein von den jeweiligen augenblicklichen Verhältnissen ab, sondern ebenso sehr von unseren Grundsätzen« (GW 6: 186).

Rosa Luxemburg hielt Bernstein strikt entgegen: Von umfassenden Tendenzen zur Abschwächung der Widersprüche in der kapitalistischen Gesellschaft könne nicht die Rede sein. Die Polarisierung in zwei gegensätzliche Klassen – Kapitalisten und Proletarier – führe weiterhin zum Verschwinden der Mittelschichten. Die bürgerlichen Klassen würden auf die Entwicklung des Klassenkampfs durch den Abbau von Demokratie antworten. Nur die Drohung einer sozialen Revolution würde ihnen soziale Reformen abnötigen. Würde diese Drohung aufgegeben, wären auch keine weiteren Erfolge bei den gewerkschaftlichen, demokratischen und sozialen Formen des Kampfes der Sozialdemokratie möglich. Sie hielt daran fest, dass es völlig unmöglich sei, dass das Proletariat sich »schon innerhalb der heutigen bürgerlichen Gesellschaft die wirtschaftliche Macht« verschaffen könne (GW 1.1: 568). Weder die Genossenschaften noch die Gewerkschaften wären dazu in der Lage. Die Genossenschaften würden unvermeidlich den Zwängen der kapitalistischen Verwertung unterworfen (siehe GW 1.1: 417f.) und die Gewerkschaften könnten niemals etwas anderes sein als die »organisierte *Defensive* der Arbeitskraft gegen die Angriffe des Profits« (GW 1.1: 419). Gegen

Bernsteins Vorstellung von einem zivilisierten Imperialismus und Kolonialismus gewandt, schrieb sie:

> »Ist aber die Weltpolitik (sprich: Imperialismus – M.B.) und der Militarismus eine *aufsteigende* Tendenz der heutigen Phase, so muss sich folgerichtig die bürgerliche Demokratie auf *absteigender* Linie bewegen.« (GW 1.1: 425) Kolonialismus und imperiale Konkurrenz würden zu diesem Abstieg der Demokratie beitragen (GW 1.2: 19). Ihre Schlussfolgerung: »Es gibt keinen größeren Feind der Arbeiterklasse in ihrem Kampf, als ihre eigenen Illusionen.« (GW 1.1: 569). Nicht durch soziale Reform, sondern »nur durch Ergreifung der Staatsgewalt« (GW 1.1: 571) könne Sozialismus erreicht werden.

Erstens betonte Luxemburg den verstärkten kapitalistischen und autoritären Charakter der gesellschaftlichen Verhältnisse, zweitens ging sie davon aus, dass es zu großen Krisen kommt, die den Kapitalismus an den Rand des Zusammenbruchs bringen, und drittens entwickelte sie, warum die sozialdemokratische Bewegung nie warten dürfe, bis alle Bedingungen für eine Revolution völlig »ausgereift« seien.

Erstens: Während Bernstein und seine Bündnisgenossen in der SPD auf den mehr oder minder steten Ausbau der sozialen Macht der Arbeiterbewegung und eine wachsende Unterordnung der kapitalistischen Produktionsweise unter soziale und demokratische Ziele mithilfe des vorhandenen Staates setzen, diagnostiziert Luxemburg genau die entgegengesetzten Tendenzen. Es gäbe einen wachsenden Widerspruch zwischen den realen sozialistischen Möglichkeiten und ihrer Realisierung. Der bürgerliche Staat sei es, der der Lösung dieses Widerspruchs im Wege stehe. Deshalb zentrierte Luxemburg die gesamte Strategie auf den Kampf um die politische Macht im Staat als dem wesentlichen Hindernis auf dem Wege zu einer sozialistischen Umwälzung:

> »Die Theorie von der stufenweisen Einführung des Sozialismus läuft hinaus auf eine allmähliche Reform des kapitalistischen Eigentums und des kapitalistischen Staates im sozi-

alistischen Sinne. Beide entwickeln sich jedoch kraft objektiver Vorgänge der gegenwärtigen Gesellschaft nach einer gerade entgegengesetzten Richtung. Der Produktionsprozess wird immer mehr vergesellschaftet, und die Einmischung, die Kontrolle des Staates über diesen Produktionsprozess wird immer breiter. Aber gleichzeitig wird das Privateigentum immer mehr zur Form der nackten kapitalistischen Ausbeutung fremder Arbeit, und die staatliche Kontrolle wird immer mehr von ausschließlichen Klasseninteressen durchdrungen. Indem somit der Staat, d.h. die *politische* Organisation, und die Eigentumsverhältnisse, d.h. die *rechtliche* Organisation des Kapitalismus, mit der Entwicklung immer *kapitalistischer* und nicht immer sozialistischer werden, setzen sie der Theorie von der allmählichen Einführung des Sozialismus zwei unüberwindliche Schwierigkeiten entgegen... Die Produktionsverhältnisse der kapitalistischen Gesellschaft nähern sich der sozialistischen immer mehr (im Sinne ihres gesellschaftlichen Charakters – M.B.), ihre politischen und rechtlichen Verhältnisse dagegen errichten zwischen der kapitalistischen und der sozialistischen Gesellschaft eine immer höhere Wand. Diese Wand wird durch die Entwicklung der Sozialreformen wie der Demokratie nicht durchlöchert, sondern umgekehrt fester starre gemacht. Wodurch sie also niedergerissen werden kann, ist einzig der Hammerschlag der Revolution, d.h. die Eroberung der politischen Macht durch das Proletariat.« (GW 1.1: 399f.)

Zweitens: Die sogenannte Zusammenbruchstheorie ist heute weitgehend in Vergessenheit geraten, obwohl es gute Gründe geben könnte, sich ihrer wieder zu erinnern. Bernsteins Position von der Möglichkeit der Evolution des Kapitalismus ohne größere, systemgefährdende Krisen wurde spätestens 1914 ad absurdum geführt. Zugleich aber hatte er mit Recht auf die enorme Anpassungsfähigkeit kapitalistischer Gesellschaften und die Lernfähigkeit der sie tragenden sozialen und politischen Kräfte verwiesen. Luxemburg setzte dem Evolutionismus Bernsteins das Konzept von Entwicklungslinien mit »Knoten« entgegen. Die Gegensätze der kapitalistischen Gesellschaft müssten unausbleiblich zu Katastrophen führen, aber diese »Kataklismen« seien vermittelt durch Phasen längerer Stabilität (siehe GW 1.1: 259).

Für Rosa Luxemburg war zudem die Frage nach einer absoluten Grenze kapitalistischer Entwicklung keine scholastische Angelegenheit, sondern von direkter politischer Bedeutung und »ein Eckstein des wissenschaftlichen Sozialismus« (GW 1.1: 435). Katastrophen bildeten für sie »nicht einen Gegensatz zur Entwicklung, sondern *ein Moment, eine Phase* der Entwicklung« (GW 1.1: 259). Ob der Kapitalismus ein quasi unendliches oder zumindest sehr weit in die Zukunft reichendes Entwicklungspotenzial habe oder aber in absehbarer Zeit an unüberwindbare Grenzen stoßen würde, machte für sie einen radikalen Unterschied:

> »Nimmt man … mit Bernstein an, die kapitalistische Entwicklung gehe nicht in der Richtung zum eigenen Untergang, dann hört der Sozialismus auf, *objektiv notwendig zu sein…* Die revisionistische Theorie steht vor einem Entweder-Oder. Entweder folgt die sozialistische Umgestaltung nach wie vor aus den inneren Widersprüchen der kapitalistischen Ordnung, dann entwickeln sich mit dieser Ordnung auch ihre Widersprüche, und ein Zusammenbruch in dieser oder jener Form ist in irgendeinem Zeitpunkt das unvermeidliche Ergebnis, dann sind aber auch die ›Anpassungsmittel‹ unwirksam und die Zusammenbruchstheorie richtig. Oder die ›Anpassungsmittel‹ sind wirklich imstande, einem Zusammenbruch des kapitalistischen Systems vorzubeugen, also den Kapitalismus existenzfähig zu machen, also seine Widersprüche aufzuheben, dann hört aber der *Sozialismus* auf, eine historische Notwendigkeit zu sein, und er ist dann alles, was man will, nur nicht ein Ergebnis der materiellen Entwicklung der Gesellschaft.« (GW 1.1: 376, 377)

Luxemburgs spätere Akkumulationstheorie (siehe auch später unter 6.) war der Versuch, eine neue wissenschaftliche Antwort auf die Frage nach den absoluten Grenzen des Kapitalismus zu finden. 1899 band sie diese Grenzen an die Tendenz zur Überproduktion. Schon zu dieser Zeit war für sie die Unfähigkeit des

Kapitalismus, einen Absatz für die eigenen Produkte zu finden, zentral. Luxemburg unterschied dabei die Tendenz zu einer »letzten Grenze« des Kapitalismus von den konkreten Gründen für seinen unmittelbaren Untergang. Letzterer war für sie immer an den erfolgreichen Klassenkampf des Proletariats gebunden. Aber ohne den wissenschaftlichen Nachweis einer absoluten Grenze schien ihr eine Politik, die auf den Tod des Kapitalismus setzt, nicht begründbar (GW 1.1.: 550, 551).

Drittens: Die Marxistinnen und Marxisten der Zweiten Internationale hatten immer Marx' These vor Augen: »Eine Gesellschaftsformation geht nie unter, bevor alle Produktivkräfte entwickelt sind, für die sie weit genug ist« (MEW 13: 9). Sie kannten auch Engels' Position aus seiner Schrift »Der deutsche Bauernkrieg«: »Es ist das Schlimmste, was dem Führer einer extremen Partei widerfahren kann, wenn er gezwungen wird, in einer Epoche die Regierung zu übernehmen, wo die Bewegung noch nicht reif ist für die Herrschaft der Klasse, die er vertritt, und für die Durchführung der Maßregeln, die die Herrschaft dieser Klasse erfordert.« (MEW 7: 400) Die ungeheure Entwicklung, die der Kapitalismus seit der 1848er-Revolution genommen hatte, bewies dessen Potenzen. Es entstand die Frage, ob man nicht abwarten müsse, bis alle objektiven wie subjektiven Bedingungen völlig ausgereift seien.

Rosa Luxemburg wandte sich gegen diese Vorstellung von Revolution als einem mehr oder minder einmaligen Akt. Die reifen Verhältnisse sind der Revolution nicht einfach objektiv vorausgesetzt, sondern entstehen nach ihrer Auffassung im hohen Maße im Handeln selbst, aus dem Klassenkampf. Ein Grund dafür sei, dass in der kapitalistischen Ordnung »alle Elemente der künftigen Gesellschaft in ihrer Entwicklung vorerst eine Form annehmen, in der sie sich dem Sozialismus nicht nähern, sondern von ihm entfernen« (GW 1.1: 431). Schon deshalb sei die Intensivierung des Klassenkampfes eine zentrale Voraussetzung, damit die Bedingungen des Erfolgs in einem langen revolutionären Prozess – unvermeidlich durch eine Kette von Niederlagen hindurch – entstehen können. Die Niederlagen seien Etappen auf dem einzig möglichen Weg zum schließlichen Erfolg, so ihre sehr unbequeme These:

»Erstens ist eine so gewaltige Umwälzung, wie die Überführung der Gesellschaft aus der kapitalistischen in die sozialistische Ordnung, ganz undenkbar auf *einen* Schlag, durch *einen* siegreichen Streich des Proletariats. Dies als möglich voraussetzen hieße wiederum eine echt blanquistische Auffassung an den Tag legen. Die sozialistische Umwälzung setzt einen langen und hartnäckigen Kampf voraus, wobei das Proletariat allem Anscheine nach mehr als einmal zurückgeworfen wird, so dass es das erste Mal, vom Standpunkte des Endresultates des ganzen Kampfes gesprochen, notwendig ›zu früh‹ ans Ruder gekommen sein wird. Zweitens aber lässt sich das ›verfrühte‹ Ergreifen der Staatsgewalt auch deshalb nicht vermeiden, indem das Proletariat erst im Laufe jener Krisen, die seine Machtergreifung begleiten wird, erst im Feuer langer und hartnäckiger Kämpfe den erforderlichen Grad der politischen Reife erreichen kann, der es zur endgültigen großen Umwälzung befähigen wird. So stellen sich denn jene ›*verfrühten*‹ Angriffe des Proletariats auf die politische Staatsgewalt selbst als wichtige geschichtliche Momente heraus, die auch den *Zeitpunkt* des endgültigen Sieges mitherbeiführen und mitbestimmen. Von *diesem* Standpunkte erscheint die Vorstellung einer ›verfrühten‹ Eroberung der politischen Macht durch das arbeitende Volk als ein politischer Widersinn, der von einer mechanischen Entwicklung der Gesellschaft ausgeht und einen *außerhalb* und *unabhängig* vom Klassenkampf bestimmten Zeitpunkt für den Sieg des Klassenkampfes voraussetzt. Da aber das Proletariat somit gar nicht imstande ist, die Staatsgewalt anders als ›zu früh‹ zu erobern, oder, mit anderen Worten, da es sie unbedingt einmal oder mehrmals ›zu früh‹ erobern muss, um sie schließlich dauernd zu erobern, so ist die Opposition gegen die ›*verfrühte*‹ Machtergreifung nichts als die Opposition gegen die *Bestrebung des Proletariats überhaupt, sich der Staatsgewalt zu bemächtigen.*« (GW 1.1: 435)

Die Einheit von Marxismus und Sozialismus
Revolutionäre Realpolitik maß sich für Luxemburg nicht daran, ob dieser oder jener Kampf um Reformen oder diese oder jene revolutionäre Forderung aufgestellt wurde, sondern an der Fähigkeit, »das schließliche revolutionäre Ziel mit einer praktischen alltäglichen Tätigkeit glücklich zu vereinigen« und »dadurch breite Volksmassen in den Kampf hineinzuziehen« (GW 1.1: 229). Also kein Nebeneinander von Sozialreform und Revolution, sondern ihre organische Verbindung in konkreten Auseinandersetzungen im praktischen Alltag selbst war Luxemburgs Verständnis des Marxismus.

Revolutionäre Realpolitik war für Luxemburg nicht primär eine Frage des *Was*, nach dieser oder jener konkreten sozialen oder demokratischen Forderung, sondern des *Wie* der Verbindung von praktischer unmittelbarer Tätigkeit und den Endzielen, der Eroberung der politischen Macht (GW 1.1: 229, GW 6: 278 – siehe auch Brangsch 2009). Ginge diese Verbindung verloren, so würde die SPD zu einer »bürgerlichen Arbeiterpartei« (GW 1.1: 514). Die Verbindung von praktischem Kampf und Endziel, so Rosa Luxemburg zu dieser Zeit, sei nur auf drei Wegen möglich:

> »indem sie mit ihren am weitesten gehenden Forderungen den bürgerlichen Parteien eine gefährliche Konkurrenz bereiten und sie durch den Druck der Wählermassen vorwärtsdrängen; dann, indem sie die Regierung vor dem Lande bloßstellen und sie durch die öffentliche Meinung beeinflussen; endlich, indem sie durch ihre Kritik in und außerhalb der Kammer immer mehr die Volksmassen um sich gruppieren und so zu einer achtungsgebietenden Macht anwachsen, mit der Regierung und Bourgeoisie rechnen müssen.« (GW 1.2: 33) Es gäbe prinzipiell keine Möglichkeit, wie Rosa Luxemburg ironisch gegen Bernstein schreibt, »das Meer der kapitalistischen Bitternis durch flaschenweises Hinzufügen der sozialreformerischen Limonade in ein Meer sozialistischer Süßigkeit zu verwandeln« (GW 1.1: 400).

Trotz der Entwicklung von Sozialreformen und Demokratie würde die Wand zwischen der kapitalistischen und sozialistischen Gesellschaft nur immer höher und fester gemacht. Diese Wand sei vor allem politisch. Wie sie weiter schrieb:

> »Der Sozialismus wohnt also dem alltäglichen Kampfe der Arbeiterklasse durchaus nicht als Tendenz inne, er wohnt inne nur hier den immer mehr sich zuspitzenden objektiven Widersprüchen der kapitalistischen Wirtschaft, dort der subjektiven Erkenntnis der Arbeiterklasse von der Unerlässlichkeit ihrer Aufhebung durch eine soziale Umwälzung.« (GW 1.1: 403)

Fast am Ende ihrer berühmten Schrift »Sozialreform oder Revolution« schrieb Luxemburg: »Nunmehr sind Sozialismus und Marxismus, proletarischer Emanzipationskampf und Sozialdemokratie identisch.« (GW 1.1: 442) Ein Zurück zu einem vormarxistischen Sozialismus, wie sie ihn Bernstein vorwarf, sei »ein Rückfall in die zwerghaften, ausgetretenen Hausschuhe der Bourgeoisie« (ebd.). Noch viele Jahre später schrieb sie in einem Brief: »O ich Esel, o ich Rhinozeros, o ich Bernstein!« (GB 2: 253) Die von Luxemburg mit solcher Entschiedenheit proklamierte Identität von Sozialismus und Marxismus wurde aber in den nächsten Jahren immer stärker herausgefordert – schon 1899 durch den Eintritt des sozialistischen Politikers Millerand in eine bürgerliche Regierung (eine Darstellung von Luxemburgs Auseinandersetzung mit dieser Regierungsbeteiligung findet sich in Brie 2011). Die Schwierigkeiten, eine überzeugende und wirksame revolutionäre Realpolitik durchzusetzen, nahmen zu. Immer manifester wurden die sicher geglaubten Gewissheiten infrage gestellt.

5. Das elektrische Zeitalter der Plötzlichkeiten – die russische Revolution von 1905

> *»Ich nenne herrlich eine Zeit, die massenhaft Probleme und gewaltige Probleme aufwirft, die Gedanken anspornt, ›Kritik, Ironie und tiefere Bedeutung‹ anregt, Leidenschaften aufpeitscht und vor allem – eine fruchtbare, schwangere Zeit ist, die stündlich gebiert und aus jeder Geburt noch ›schwangerer‹ hervorgeht, dabei nicht tote Mäuse gebiert oder gar krepierte Mücken, wie in Berlin, sondern lauter Riesendinge... Die Revolution ist großartig, alles andere ist Quark!«* (GB 2: 259)

Generalstreik, Organisationsdebatte und politische Führung

Rosa Luxemburgs politische Leitfiguren blieben immer zugleich Karl Marx *und* Ferdinand Lassalle, der eine vor allem als Begründer einer wissenschaftlichen Weltanschauung der Arbeiterklasse, der andere als entschlossener, politisch unmittelbar eingreifender Gründer der ersten selbständigen politischen Partei dieser Klasse in Deutschland. Von diesen beiden – die zwei Pole einer politischen Philosophie der historischen Praxis betonend – schrieb sie:

> »Und hatte Marx der Revolutionsmacherei alten Stils den Riegel vorgeschoben mit den Worten, die Menschen machen ihre Geschichte selbst, aber sie machen sie nicht aus freien Stücken, so legte Lassalle mit umgekehrter Betonung, aber mit gleichem Recht den Nachdruck auf die befruchtende Initiative, auf die revolutionäre Energie und Entschlossenheit, indem er den deutschen Arbeitern mit flammenden Worten predigte: Die Menschen machen ihre Geschichte nicht aus freien Stücken, aber sie machen sie selbst!« (GW 3: 182f.)

Wie Geschichte zu »machen« sei, rückte für Luxemburg nach 1900 immer stärker ins Zentrum ihrer strategischen Suche. Ihr wurde bewusst:

Wir »leben in dem elektrischen Zeitalter der Plötzlichkeiten, die blitzschnelle Überraschung gehört zum Handwerkszeuge des neuesten Kurses« (GW 6: 286).

Die bisherigen Formen, auf die die deutsche Sozialdemokratie gesetzt hatte, schienen ihr viel zu eng: Wahlkämpfe, gewerkschaftliche Auseinandersetzungen und politische Agitation führten in ihren Augen immer mehr dazu, dass sich die Arbeiterbewegung in der kaiserlich-deutschen Gesellschaft einrichtete. Die ernsthafte Konfrontation, aus der revolutionäre Erfahrung erwachsen sollte, blieb aus. Die Linke in der SPD begann, die Form des Massenstreiks als wesentliches Mittel zu betonen, um zentrale demokratische Ziele durchzusetzen. Bis dahin war er vor allem als ultima ratio im Falle einer antidemokratischen Offensive der herrschenden Kreise analysiert worden (siehe Parvus 1896). Jetzt aber ging es darum, selbst in die Offensive zu kommen und aus der Stagnation auszubrechen. Luxemburg verwies in diesem Zusammenhang auf die belgischen Erfahrungen und analysierte sie kritisch.

1902 hatten die belgischen Sozialisten versucht, mithilfe eines lange vorbereiteten politischen Generalstreiks ein demokratisches Wahlrecht durchzusetzen, diesen Streik aber nach einer Woche weitgehend ergebnislos abgebrochen. Die wesentliche Ursache dafür sah Rosa Luxemburg darin, dass die Sozialisten die politische Führung an die Liberalen abgetreten hatten (GW 1.2: 218). Zugleich aber gewann Luxemburg Lehren für die Anwendung des Generalstreiks. Die in der deutschen Sozialdemokratie vorherrschende Vorstellung, dazu müsste schon im Vorfeld die gesamte Arbeiterklasse umfassend organisiert und davon überzeugt sein, den Kapitalismus zu überwinden, so Luxemburg, »findet auf lokale und gelegentliche politische Generalstreiks keine Anwendung, denn hier sind nur eine populäre politische Losung und materiell günstige Umstände als Voraussetzung notwendig« (GW 1.2: 236). Der Generalstreik stünde nicht im Gegensatz zur parlamentarischen Arbeit, sondern sei ein weiteres »Werkzeug« neben dieser und der politischen Agitation. Dies schließe auch die Bereitschaft zu extralegaler Gewalt ein (GW 1.2: 241). Alles andere käme einem Verzicht auf Revolution gleich. Sie kam zu dem Schluss, dass der Verzicht auf das Mittel des politischen Streiks in Deutschland gegenüber Belgien oder Frankreich Ausdruck für die »halbasiatische Zurückgebliebenheit« der SPD »in politischer Hinsicht« (GW 1.2: 238) sei. Dies sind Positionen, die den Grundkonsens der SPD infrage stellten. Für die SPD war es selbstverständlich geworden, keinesfalls selbst zu illegalen Mitteln zu greifen, geschweige denn zu Gewalt (und sei es in Form von ungesetzlichen politischen Streiks). Rosa Luxemburg dagegen betonte: Gewalt sei »sowohl in einzelnen Episoden des Klassenkampfes wie zur endgültigen Eroberung der Staatsgewalt« (GW 1.2: 247) unerlässlich.

Im Zusammenhang mit den Generalstreiks in Belgien machte Rosa Luxemburg dann auch die folgenreiche Beobachtung, dass die Vorstellung, eine erfolgreiche Massenaktion sei nur bei einem sehr hohen Organisationsgrad und umfangreichen finanziellen Ressourcen möglich, falsch ist. In der SPD herrsche die Idee, man müsse nur immer weiter den Organisationsgrad der Arbeiterinnen und Arbeiter vorantreiben, um dann irgendwann über eine so überwältigende Handlungsfähigkeit zu verfügen, dass einem die Macht schließlich wie von selbst zufällt. Sie handele wie ein Feldherr, der jeder Schlacht ausweicht, weil seine quantitative Stärke niemals mit absoluter Sicherheit ausreicht. Luxemburg wandte dagegen ein:

> »Statt sich also im geschlossenen Zirkel zwischen der als Voraussetzung notwendigen sozialistischen Aufklärung und dem beabsichtigten sozialistisch aufklärenden Ergebnis zu drehen …, knüpft der gelegentliche politische Generalstreik nur an Momente des politischen Alltagslebens von tiefgreifender und aufregender Bedeutung an und dient seinerseits zugleich als wirksames Mittel der sozialistischen Agitation.« (GW 1.2: 236f.)

In den Mittelpunkt der strategischen Orientierung Luxemburgs rückte die direkte offensive Massenaktion, in der zugleich die Umstände verändert werden und sich die Akteure selbst verändern. Der »Gewalthaufen«, von dem Engels geschrieben hatte, sollte nicht mehr ruhig und weitgehend passiv durch Wahlen vermehrt werden, sondern sich selbst im eigenen Handeln hervorbringen. Dies bedeutete auch ein Verhältnis von Arbeiterschaft und Führung, das der jahrzehntelangen Praxis der SPD widersprach, auch wenn Luxemburg sich zu dieser Zeit noch nicht direkt gegen den Parteivorstand wandte. Herrschaft über die Massen ist für sie die klassische bürgerliche Politikform und diese müsse umgekehrt werden:

> »Die einzige Rolle der sogenannten ›Führer‹ in der Sozialdemokratie besteht darin, die Masse über ihre historischen Aufgaben aufzuklären. Das Ansehen, der Einfluss der ›Führer‹ in der Sozialdemokratie wächst nur im Verhältnis zu der Menge Aufklärung, die sie in diesem Sinne leisten, das heißt also gerade im Verhältnis, wie sie die bisherige Grundlage jeder Führerschaft, die Blindheit der Masse, zerstören, in dem Verhältnis, mit einem Worte, wie sie sich selbst ihrer Führerschaft *entäußern*, die Masse zur Führerin und sich selbst zu *Ausführern*, zu Werkzeugen der bewussten Massenaktion machen.« (GW 1.2: 396) Verheerend sei es, aus Angst vor der Reaktion des Feindes bei einem Sieg der Sozialdemokratie auf jede Offensive zu verzichten (GW 6: 392-394). Dies hieße die Defensive auf ewig festzuschreiben.

Die Frage von Führung und »Massen« wurde auch berührt, als es in der russischen Sozialdemokratie, der SDAPR, auf dem II. Parteitag in Brüssel und London vom 30. Juli bis 23. August 1903 zu einem Streit um die Statuten der Partei ging. 1904 legte Lenin seine Positionen zu diesem Streit in seiner Schrift »Ein Schritt vorwärts, zwei Schritte zurück« dar. Er begründete, warum der von der Mehrheit der Delegierten angenommene Beschluss die seiner Auffassung nach einzig mögliche Position sei, um die »Schaffung einer *wirklichen* Partei« (LW 7: 205) unter den konkreten Bedingungen des absolutistischen Russlands voranzutreiben. Es ging um die Bindung einer Mitgliedschaft an eine aktive Parteiarbeit und um die Rechte der Leitungsgremien der Partei, die nur im Ausland weitgehend frei wirken konnten. Wie Lenin schrieb: »Aber in dem Maße, wie sich bei uns eine *wirkliche* Partei herausbildet, muss der klassenbewusste Arbeiter lernen, die Mentalität eines Soldaten der proletarischen Armee von der Mentalität eines bürgerlichen Intellektuellen zu unterscheiden, der mit anarchistischen Phrasen prunkt; er muss lernen, die Erfüllung der Pflichten eines Parteimitglieds nicht nur von den einfachen Mitgliedern, sondern auch von den Leuten an der Spitze zu *fordern*, er muss lernen, der Nachtrabpolitik in organisatorischen Fragen mit derselben Verachtung zu begegnen, mit der er in vergangenen Jahren der Nachtrabpolitik in taktischen Fragen begegnet ist!« (LW 7: 399)

Die Menschewiki wandten sich nun u.a. an Luxemburg, um »Autoritäten gegen ihn (Lenin – M.B.) los(zu)lassen« (zitiert in Laschitza 2002: 197). Luxemburg schrieb unmittelbar darauf ihren Artikel »Organisationsfragen der russischen Sozialdemokratie«, der in der *Iskra* und in der *Neuen Zeit* erschien. Der *Vorwärts* hatte den Wunsch der russischen Sozialdemokraten auf Veröffentlichung ihrer Position in der wichtigsten Parteizeitung der SPD noch mit den Worten abgelehnt, man könne dem nicht viel Platz einräumen, da die russische Bewegung »noch so jung« sei »und der reifen deutschen Bewegung so wenig geben kann« (zitiert in ebd.: 196). Dies sah Luxemburg völlig anders:

> »Es gehört zu den stehenden altehrwürdigen Wahrheiten, dass die sozialdemokratische Bewegung der zurückgebliebenen Länder von der älteren Bewegung der vorgeschritteneren Länder lernen müsse. Wir wagen, diesem Satze den entgegengesetzten hinzuzufügen: Die älteren und voranschreitenden sozialdemokratischen Parteien können und sollen ebensogut aus der näheren Bekanntschaft mit ihren jüngeren Bruderparteien lernen. Ebenso wie für den marxistischen Ökonomen … alle der kapitalistischen Wirtschaftsordnung vorangegangenen ökonomischen Stadien nicht einfach bloße Formen der ›Unentwickeltheit‹ im Hinblick auf die Krone der Schöpfung – den Kapitalismus – sind, sondern *historisch* gleichberechtigte verschiedene Typen der Wirtschaft, ebenso

> sind für die marxistischen Politiker die verschieden entwickelten sozialistischen Bewegungen bestimmte historische Individuen für sich. Und je mehr wir dieselben Grundzüge der Sozialdemokratie in der ganzen Mannigfaltigkeit ihres verschiedenen sozialen Milieus kennenlernen, um so mehr kommt uns das Wesentliche, das Grundlegende, das *Prinzipielle* der sozialdemokratischen Bewegung zum Bewusstsein, um so mehr tritt die durch jeden Lokalismus bedingte Borniertheit des Gesichtskreises zurück.« (GW 1.2: 422)

Luxemburg betonte in ihrem Artikel die Besonderheit Russlands. Aufgrund des zaristischen Absolutismus müsse die Sozialdemokratie »das Proletariat direkt aus der politischen Atomisierung, die die Grundlage des absoluten Regimes bildet, zur höchsten Form der Organisation – als zielbewusst kämpfende Klasse« (GW 1.2: 424) führen. Sie müsse »in der leeren Luft« (ebd.) erschaffen. Natürlich sei die Sozialdemokratie immer durch einen bestimmten Zentralismus geprägt, aber Lenin sei Vertreter eines »rücksichtslosen Zentralismus« (GW 1.2: 425). Dieser basiere auf zwei Grundsätzen – »auf der blinden Unterordnung aller Parteiorganisation mit ihrer Tätigkeit bis ins kleinste Detail unter eine Zentralgewalt, die allein für alle denkt, schafft und entscheidet, sowie auf der schroffen Abgrenzung des organisierten Kernes der Partei von dem ihn umgebenden revolutionären Milieu« (GW 1.2: 429). Einem solchen »Ultrazentralismus« stellt Luxemburg den »›Selbstzentrismus‹ der führenden Schicht des Proletariats, ihre Majoritätsherrschaft innerhalb ihrer eigenen Parteiorganisation« (ebd.) gegenüber. In der Partei müsse die Selbstermächtigung der Arbeiterklasse ihren adäquaten Ausdruck finden. Grundlage für diese Position war die Überzeugung:

> »Tatsächlich ist die Sozialdemokratie aber nicht mit der Organisation der Arbeiterklasse *verbunden,* sondern sie ist *die eigene Bewegung* der Arbeiterklasse.« (Ebd.)

Während Lenin sich positiv auf die Tradition der Jakobiner bezog, die im Laufe der eigenen Herrschaft die Selbstorganisation des Pariser Volkes immer weiter einschränkten, beginnend bei den Frauenorganisationen, schrieb Luxemburg:

> »Die sozialdemokratische Bewegung ist die erste in der Geschichte der Klassengesellschaften, die in allen ihren Momenten, im ganzen Verlauf auf die Organisation und die selbständige direkte Aktion der Masse berechnet ist.« (GW 1.2: 427)

Luxemburgs Gespür für die Gefahren einer zentralistischen Organisation ließen sie m.E. unterschätzen, dass Lenin mit der Zentralisation den Kampf gegen jene Strömungen verband, die, wie er es sah, bereit waren, sich dem liberalen Bürgertum unterzuordnen. Ihm war die »Reinheit« immer wichtiger als die Einheit. Lieber blieb er mit Wenigen zusammen, die aber seiner Position folgten. Lenin hoffte, durch die Organisation einer disziplinierten kampffähigen Kaderorganisation letztlich die Massen zu gewinnen, Luxemburg suchte primär den direkten Zugang zu den Massen über Propaganda und Agitation und nahm dafür die aus ihrer Sicht falsche Politik von Parteiführungen in Kauf.

In dieser Auseinandersetzung mit Lenin entwickelte Luxemburg eine bleibende Erkenntnis, die ins Handbuch auch aller heutigen linken sozialen Bewegungen und Parteien gehört. Luxemburg schrieb von der Sozialdemokratie:

> »Ihre wichtigsten und fruchtbarsten taktischen Wendungen des letzten Jahrzehnts sind nicht etwa von bestimmten Leitern der Bewegung, geschweige von Leitern der Organisationen ›erfunden‹ worden, sondern sie waren jedes Mal das spontane Produkt der entfesselten Bewegung selbst... Die Kampftaktik der Sozialdemokratie wird in ihren Hauptzügen überhaupt nicht ›erfunden‹, sondern sie ist das Ergebnis einer fortlaufenden Reihe großer schöpferischer Akte des experimentierenden, oft elementaren Klassenkampfes.« (GW 1.2: 431, 432)

Mit diesem Wissen, diesen Einsichten ging Rosa Luxemburg in die russische Revolution – zutiefst unzufrieden über die Entwicklung in Deutschland und voller Hoffnung auf das, was sich im zaristischen Reich abzeichnete. Wie sie in einem Brief im Dezember 1904 an die holländische Sozialistin Henriette Roland Holst schrieb:

> »Das Nachlaufen der einzelnen opportunistischen Dummheiten und kritische Nachschwätzen ist mir keine befriedigende Arbeit, vielmehr habe ich dieses Amt so herzlich satt, dass ich am liebsten in solchen Fällen schweige… Das einzige Mittel, gegen den Opportunismus radikal zu kämpfen, ist selbst vorwärtszugehen, die Taktik zu *entwickeln*, die revolutionäre Seite der Bewegung zu *steigern*. Der Opportunismus ist überhaupt eine Sumpfpflanze, die sich in stehendem Wasser der Bewegung rasch und üppig entwickelt; bei forschem starkem Strom verkümmert sie von selbst.« (GB 6: 102)

Die erste russische Revolution – Lehrstunde der Geschichte

Wenige Wochen, nachdem Luxemburg diese Zeilen geschrieben hatte, brach die erste russische Revolution aus, die das ganze Zarenreich und nicht zuletzt auch das russisch besetzte Polen erfasste. Diese Revolution wurde zum wichtigsten Einschnitt für Rosa Luxemburgs weiteres Leben und Werk. Wie Donald E. Shepardson schreibt: »Luxemburg kehrte am 13. September 1906 nach Berlin zurück, gegenüber der, die Berlin ein Jahr zuvor verlassen hatte, war sie eine andere geworden. Ihr Zusammentreffen mit aktiven Revolutionären und ihre Erfahrungen in Warschau hatten ihr Gefühl der Isolation in der SPD erhöht.« (Shepardson 1996: 53) Diese Revolution überzeugte sie, dass die ruhigen Zeiten vorbei seien. Für sie begann 1905 eine neue Epoche:

> »Mit der russischen Revolution schließt die nahezu 60jährige Periode der ruhigen, parlamentarischen Herrschaft der Bourgeoisie. Mit der russischen Revolution geraten wir bereits in die Übergangsperiode von der kapitalistischen zur sozialistischen Gesellschaft.« (GW 2: 9) Selbst eine zeitweilige Übernahme der politischen Macht durch die sozialistische Arbeiterbewegung hielt sie nicht mehr für ausgeschlossen: »Große

> revolutionäre Ereignisse haben die Eigentümlichkeit, dass sie, sosehr sie im großen und ganzen vorausgesehen, erwartet worden sein mögen, doch stets, sobald sie da sind, in ihrer Kompliziertheit, in ihrer konkreten Gestalt als eine Sphinx, ein Problem vor uns stehen, das in jeder Faser begriffen, ergründet, gelernt werden will.« (GW 1.2: 478)

So wurde die russische Revolution für sie ein Gegenstand lernenden Eingreifens und eingreifender Analyse. Immer wieder studierte sie die englische und französische Revolution und schrieb nach dem Lesen in der französischen Revolutionsgeschichte von F.A. Mignet:

> Die »Sache hat mich tief ergriffen, ich war überwältigt von diesem grandiosen, göttlichen Massenwahnwitz. Die Geschichte der Revolutionen ist doch das Interessanteste, was es gibt in der Wissenschaft.« (GB 2: 343, siehe auch GB 3: 50)

Luxemburg zog aus der russischen Revolution eine Schlussfolgerung, die im völligen Widerspruch zum Überlegenheitsgefühl der deutschen Sozialdemokratie stand: Die russische Arbeiterbewegung wird zum Vorbild, weil sich Russland »mit seiner bürgerlichen Revolution so unverzeihlich verspätet hat« (GW 2: 150). Sie könne sich als »Vortrupp« der internationalen Arbeiterbewegung erweisen (GW 2: 232). Der Rückstand könne in einen Vorsprung verwandelt werden. Die gewonnenen Erfahrungen ermöglichten ihr, so Ernest Mandel, »die verstreuten Elemente zu einer systematischen Kritik der ›alten bewährten Taktik‹ der westlichen Sozialdemokratie zusammenzufügen« (Mandel 1986: 51).

In dieser Revolution, unmittelbar ausgelöst durch den innerimperialistischen Krieg zwischen Russland und Japan, wurden die tiefen Spannungen in der Welt des frühen 20. Jahrhunderts mit aller Wucht offenbar. Deutlich wurde die Überschneidung von Imperialismus, Krieg, partieller Konsolidierung des Kapitalismus in seinen Zentren, Kolonialisierung der Peripherie, die Verknüpfung von nationaler und sozialer Frage, von Arbeiterbewegung und Bauernaufständen, von Reaktion und Antisemitismus. Vor dem Hintergrund dieser Revolution wurde Rosa Luxemburg das Unzureichende einer bloßen Verteidigung von Theorie und Praxis der Zweiten Internationale gegenüber dem opportunistischen Einrichten in den gegebenen Kräfteverhältnissen einerseits und einer Politik der Vereinnahmung der sozialen Bewegungen andererseits schlagend deutlich. Vor allem in den Massenstreiks sah sie eine Bewegungsform, die beiden Tendenzen gleichermaßen zu entgehen vermag. Sie setzte ihre eigenständige Suche nach einer Theorie und Praxis fort, die fähig sein sollte, in zugleich emanzipativer und revolutionärer Weise in diese Widersprüche einzugreifen. Und dieses Erbe ist unabgegolten. Die russische Revolution war für sie deshalb so bedeutsam, weil sich in ihr neue Praxisformen herausbildeten:

> »Die Sozialdemokratie Russlands ist die erste, der die schwere, aber ehrenvolle Aufgabe zuteil wurde, die Grundlagen der Lehre von Marx nicht in der Periode eines richtigen, ruhigen, parlamentarischen Ablaufs des staatlichen Lebens, sondern in einer stürmischen revolutionären Periode anzuwenden.« (GW 2: 210)

Die Ereignisse im zaristischen Reich führten Luxemburg noch einmal vor Augen, dass anders als in der SPD teilweise vorgestellt, eine »wirkliche Revolution« »niemals ein künstliches Produkt bewusster planmäßiger Leitung und Agitation« (GW 1.2: 510) werden kann, auch wenn die marxistische Analyse das Heraufkommen einer solchen Revolution schon 20, 30 Jahre zuvor antizipiert hatte. Die Herausforderung für die Sozialdemokratie entstehe im Prozess selbst:

> »Sich *im Laufe der Revolution* die führende Stellung erobern, die ersten Siege und Niederlagen der elementaren Erhebung geschickt ausnutzen, um sich des Stromes im Strome selbst zu bemächtigen, dies ist die Aufgabe der Sozialdemokratie in revolutionären Epochen. Nicht den *Anfang*, sondern den *Schluss*, das Ergebnis des revolutionären Ausbruches meistern und dirigieren, dies ist das einzige Ziel, das sich eine politische Partei vernünftigerweise stellen kann«. (GW 1.2: 500)

Sie konzentrierte sich in ihren Analysen nicht auf die neu entstandenen Sowjets, sondern auf die Formen des Massenkampfes, vor allem Massenstreiks. Diese Form des Kampfes hätte in früheren Revolutionen keine zentrale Rolle gespielt:

> »Über eine solche tödliche Waffe hat noch keine der bisherigen Revolutionen in der Neuzeit verfügt... Jetzt ist im russischen Staat der Generalstreik zum ersten Mal zur Eröffnungsschlacht in jener Revolution geworden, in der das Proletariat zum ersten Mal in der Geschichte zum Kampf schreitet als selbständige und sich ihrer gesonderten Interessen bewusste Klasse.« (AR: 68) Es sei dies alles aus einem elementaren Anstoß und dem wechselseitigen Lernprozess erwachsen.

Luxemburg konstatierte, dass sich in der russischen Revolution vieles umkehrte: Die wesentlichen sozialen und politischen Errungenschaften der Arbeiterbewegung entstünden hier nicht aus einer Belagerungsstrategie, sondern aus der Offensive und dies mit atemberaubender Geschwindigkeit. Und wo vorher nur kleine, zumeist illegale Strukturen der ökonomischen und politischen Arbeiterbewegung vorhanden waren, bildeten sich in kürzester Zeit Massenorganisationen. Ihre Schlussfolgerung:

> »Es ist eben eine ganz mechanische, undialektische Auffassung, dass starke Organisationen dem Kampfe immer vorausgehen müssen. Die Organisation wird auch, umgekehrt, selbst im Kampf geboren, zusammen mit der Klassenaufklärung.« (GW 1.2: 603)

In dem kleinen finnischen Kurort Kuokkala unweit von Petersburg, gerade erst aus einer harten viermonatigen Haft in Warschau entlassen, schrieb Luxemburg im Auftrag des Landesvorstandes der SPD von Hamburg ihre Analyse »Massenstreik, Partei und Gewerkschaften«, in der sie die Erfahrungen der russischen Revolution mit denen Westeuropas verband und Ansätze einer neuen offensiven Strategie der Massenmobilisierung entwickelte. Wie Karl Radek in seiner Eigenschaft als Vertreter der Bolschewiki später schreiben sollte: »Diese Broschüre bedeutet die Grundlegung einer neuen Phase des Sozialismus. Mit ihr beginnt die Absonderung der kommunistischen Bewegung von der Sozialdemokratie.« (Radek 1986: 27) Es war zugleich der Versuch, eine revolutionäre Praxis theoretisch zu begründen, die nicht in einer Herrschaft über das Volk, sondern in die Selbstbefreiung *des* Volkes münden würde:

> »Der lebendige Stoff der Weltgeschichte bleibt trotz einer Sozialdemokratie immer noch die Volksmasse, und nur wenn ein lebhafter Blutkreislauf zwischen dem Organisationskern und der Volksmasse besteht, wenn derselbe Pulsschlag beide belebt, dann kann auch die Sozialdemokratie zu großen historischen Aktionen sich tauglich erweisen.« (GW 3: 252)

Das wesentliche Merkmal der Luxemburgischen Position ist das, was später vereinfachend oder auch denunziatorisch ihr *Spontaneismus* genannt wurde.[11] Luxemburgs Betonung von Spontaneität sollte nicht mit chaotischer Willkür, sondern mit dem aus eigener Einsicht hervorgehenden freien Handeln im Sinne Immanuel Kants verbunden werden, selbst einen Anfang zu setzen.[12] Revolution war für sie jener Prozess, in dem Menschen, die Abhängigkeitsverhältnissen unterworfen sind, gemeinsam beginnen, den Raum der Freiheit zu erobern (Vollrath 1973: 93f.). Nicht nur deklamatorisch war die Arbeiterbewegung, waren die Volksmassen für sie der eigentliche geschichtliche Akteur. Durch die Massenbewegung, so Luxemburg, konstituieren sich die Arbeiterinnen und Arbeiter als selbstbewusste, frei selbstbestimmende Akteure, die ihre Vergesellschaftung in konkreter Aktion unter die eigene Kontrolle bringen. Dies ist für sie Sozialismus als Freiheit in Aktion und als Ziel.

---

[11] Vgl. die betont sachliche Darstellung vom Standpunkt des Marxismus-Leninismus durch Oelßner (1951: 202ff.) und Laschitza/Radczun (1971).

[12] »Soll ... Freiheit eine Eigenschaft gewisser Ursachen der Erscheinungen sein, so muss sie ... ein Vermögen sein, sie von selbst (sponte) anzufangen« (Kant 1903: 344; siehe Vollrath 1973: 100).

Weder glaubte Luxemburg, dass die Arbeiterbewegung durch die demokratische Organisation dieser Klasse in Gewerkschaft oder Partei ersetzt werden könne, noch akzeptierte sie, dass eine zentralistische Kleingruppe Befehle erteilen dürfe. Dies war weder als Verzicht auf Organisation, noch auf Führung zu verstehen, sondern verarbeitete Erfahrungen von 40 Jahren der Entwicklung eigenständiger Organisationen der Arbeiterbewegung. Rosa Luxemburg suchte Auswege aus der sich abzeichnenden Unterordnung der sozialen Emanzipationsbewegung unter die Interessen der von ihnen selbst geschaffenen Organisationen und ihrer Führer. Sie wandte sich dagegen, das Verhältnis von Arbeiterbewegung und Sozialdemokratie in ein oligarchisches Verhältnis demokratischer oder diktatorischer Repräsentation zu verwandeln, bei dem am Ende die Repräsentanten die entscheidenden oder sogar alleinigen Akteure sind. In dieser Zeit gewann Luxemburgs Politikkonzept klare Konturen. Im Mittelpunkt stand von nun an »Selbstermächtigung durch vollständig öffentliches Handeln, Angreifen, Parieren und Lernen« (Schütrumpf 2018: 67). Sie hielt an der Gründungsaussage der Ersten Internationale fest, »dass die Emanzipation der Arbeiterklasse durch die Arbeiterklasse selbst erobert werden muss« (MEW 16: 14), und visierte ein durch und durch »aktives Parteikonzept« an, in dem »von der Führung nicht die geschichtliche Schöpferkraft, sondern die Bündelung und Verstärkung der schöpferischen Impulse sozialer Bewegungen erwartet wird« (Haug 2001: 63). Rosa Luxemburg erfasste den Widerspruch von Selbstorganisation der Arbeiter und der Eigenmacht von Parteien, Gewerkschaften und Führung im Unterschied zu vielen Führern der Zweiten Internationale und auch der Bolschewiki *von unten her*, aus den sozialen Bewegungen der Arbeiter heraus.

Rosa Luxemburgs Bild von Geschichte war das eines großen Stroms, auf dem die Tanker und Boote von Parteien und Organisationen mit ihren eingebildeten und wahren Kapitänen und Mannschaften sich bewegen – keinesfalls bedeutungslos, aber nicht die eigentlich treibende Kraft, fähig nur dann zu steuern, wenn sie die Tiefenströmungen erkannten und ihnen eine Richtung geben konnten. Die realen sozialen Bewegungen waren für sie die eigentliche Quelle der ständigen Erneuerung der geschichtlichen Ströme. Für Rosa Luxemburg entstanden Organisationen letztlich aus dem geschichtlichen Handeln der sozialen Bewegungen: »Seit wann werden große geschichtliche Bewegungen, große Volksbewegungen auf dem Wege heimlicher Abmachungen in geschlossenem Zimmer abgewickelt?« (GW 2: 172), fragte sie 1906 auf dem Mannheimer Parteitag der SPD. Scharf stellte sie das gesamte Aktionsverständnis der deutschen Sozialdemokratie infrage, das aus ihrer Sicht »bloß auf die hübsch ausgeführten Märsche des kasernierten kleinen Teils des Proletariats zugeschnitten« (GW 2: 143) sei. Dies alles beruhe »auf einer Illusion der ruhigen, ›normalen‹ Periode der bürgerlichen Gesellschaft«, sei auf einen Kampf »ausschließlich auf dem Boden der bürgerlichen Gesellschaftsordnung« berechnet (GW 2: 156). Zwangsläufig würde sich ein eigener Beamtenstand in der Arbeiterbewegung herausbilden und die Organisation würde zum Selbstzweck (GW 2: 163).

Die Aufgabe der Sozialdemokratie und ihrer Führungen sei es, vorderster Teil des Stromes zu sein, dessen Kraft zu steigern, dessen Richtung zu bestärken, dessen Entschlossenheit, die Dämme der kapitalistischen Gesellschaft zu durchbrechen, auf die Spitze zu treiben:

> »Die Parole, die Richtung dem Kampfe zu geben, die *Taktik* des politischen Kampfes so einzurichten, dass in jeder Phase und jedem Moment des Kampfes die ganze Summe der vorhandenen und bereits ausgelösten, betätigten Macht des Proletariats realisiert wird und in der Kampfstellung der Partei zum Ausdruck kommt, dass die Taktik der Sozialdemokratie nach ihrer Entschlossenheit und Schärfe nie *unter* dem Niveau des tatsächlichen Kräfteverhältnisses steht, sondern vielmehr diesem Verhältnis vorauseilt, das ist die wichtigste Aufgabe der ›Leitung‹« (GW 2: 133, vgl. auch GW 1.2: 433). Voraussetzungen dafür seien »vollkommene Klarheit« über die realen Verhältnisse und Perspektiven, die »Demokratisierung des ganzen Parteilebens« und »mehr Selbstkritik« (GW 3: 451).

Will man resümierend Rosa Luxemburgs Verständnis von Geschichte und sozialistischer Bewegung nahe kommen, so stelle man sich große Ströme vor, aber eben nicht im Sinne der für die Schifffahrt begradigten deutschen Flüsse, die in brave Wasserstraßen verwandelt wurden, sondern der Ströme, die sich mal – wie im Zeitraffer – Bahn brechen, um daraufhin träge und erschöpft dahinzufließen, mal Gebirge durchstoßen, riesige Gebiete neu erschließen und dann ruhig auf Zeit in großen Seen stillzustehen scheinen, um unerwartet von Neuem alles in machtvollem Laufe von Grund auf umzuwühlen. Große Literatin, die sie war, hat sie es so formuliert:

> »Der Massenstreik, wie ihn uns die russische Revolution zeigt, ist eine so wandelbare Erscheinung, dass er alle Phasen des politischen und ökonomischen Kampfes, alle Stadien und Momente der Revolution in sich spiegelt. Seine Anwendbarkeit, seine Wirkungskraft, seine Entstehungsmomente ändern sich fortwährend. Er eröffnet plötzlich neue, weite Perspektiven der Revolution, wo sie bereits in einen Engpass geraten schien, und er versagt, wo man auf ihn mit voller Sicherheit glaubt rechnen zu können. Er flutet bald wie eine breite Meereswoge über das ganze Reich, bald zerteilt er sich in ein Riesennetz dünner Ströme; bald sprudelt er aus dem Untergrund wie ein frischer Quell, bald versickert er ganz im Boden. Politische und ökonomische Streiks, Massenstreiks und partielle Streiks, Demonstrationsstreiks und Kampfstreiks, Generalstreiks einzelner Branchen und Generalstreiks einzelner Städte, ruhige Lohnkämpfe und Straßenschlachten, Barrikadenkämpfe – alles das läuft durcheinander, nebeneinander, durchkreuzt sich, flutet ineinander über; es ist ein ewig bewegliches, wechselndes Meer von Erscheinungen. Und das Bewegungsgesetz dieser Erscheinungen wird klar: Es liegt nicht in dem Massenstreik selbst, nicht in seinen technischen Besonderheiten, sondern in dem politischen und sozialen Kräfteverhältnis der Revolution.« (GW 2: 124)

Rosa Luxemburg bestand vor vielen anderen und gegen viele andere darauf, dass es einer möglichst freien, möglichst demokratischen, möglichst zur sozialen Bewegung hin offenen Form der Organisationen bedarf, soll Gesellschaft emanzipatorisch verändert werden. Eine solche Organisation oder ein Raum solcher Organisationen muss für die unterirdischen Ströme der Gesellschaft und zur Innovation befähigt sein, ohne die Sozialismus ihrem Verständnis nach unmöglich ist. Weder Verwandlung der Mitglieder der Partei in Werkzeuge der zentralen Parteiorgane und »die absolute, blinde Unterordnung« unter diese, noch die Degradierung der Arbeiter zu bloßen Wählern seien die Merkmale sozialdemokratischer Organisation, sondern diese wachse stets von Neuem »aus dem elementaren Klassenkampf« heraus (GW 1.2: 428). Völlig richtig bemerkt Peter Nettl: »Rosa Luxemburgs beherrschende Idee war nicht Demokratie, individuelle Freiheit oder Spontaneität, sondern Teilnahme – Reibung, die revolutionäre Energie erzeugt« (Nettl 1967: 30).

Die Niederlage als Weg zum Sieg

Die russische Revolution zeigte den beteiligten sozialistischen Revolutionärinnen und Revolutionären, dass angesichts der Schwäche der zaristischen Regierung und der politischen Unwilligkeit der bürgerlich-kapitalistischen Gruppen des Zarenreichs, selbst das Heft des Handelns in die eigenen Hände zu nehmen, der Sturz des Zarismus mit der Übernahme der Macht durch die Sozialdemokratie – und sei es im Bündnis mit Vertretern der Bauernschaft – verbunden sein könne. Die Menschewiki warnten davor, denn dies könne nur zu einer Katastrophe führen. Eine sozialistische Regierung müsse sozialistische Politik umsetzen, doch seien dafür die Bedingungen in Russland nicht reif, der Kapitalismus noch nicht umfassend entwickelt. Lenin und die Bolschewiki setzten dagegen in dieser Zeit auf eine radikal-demokratische bürgerliche Revolution unter sozialistischer Führung, die sich keine darüber hinausgehenden sozialistischen Ziele stellen würde. Es ginge nur um »Umgestaltungen, die sich auf dem Boden der bürgerlichen Gesellschaft verwirklichen lassen, zum Unterschied von den sozialistischen Umgestaltungen« (Lenin

1905: 278). Trotzki widersprach dem und begann sein Konzept der permanenten Revolution zu entwickeln, denn er ging davon aus, »dass das an die Macht gelangte Proletariat durch die ganze Logik seiner Position unausweichlich dazu getrieben wird, die Wirtschaft in staatliche Regie zu nehmen« (Trotzki 1969: 67).

Luxemburg sah wie Lenin, Trotzki oder auch Kautsky den Übergangscharakter der russischen Revolution. Sie rückt aber einen völlig anderen Aspekt in den Vordergrund und knüpft dabei an ihre Positionen im Revisionismusstreit an. Natürlich müsse die russische Arbeiterklasse die Macht übernehmen. Und gerade dadurch, dass »sie sich auf der Höhe ihrer Aufgaben erweisen wird, das heißt durch ihre Aktionen den Verlauf der revolutionären Ereignisse bis an die äußerste, durch die objektive Entwicklung der gesellschaftlichen Verhältnisse gegebene Grenze heranführen wird«, warte »auf sie an dieser Grenze fast unvermeidlich eine große vorübergehende Niederlage« (GW 2: 231). Diese Niederlage wäre in ihren Augen nicht Folge einer fehlerhaften Strategie, sondern Resultat von deren Erfolg! Sie ging davon aus, dass es in der Revolution darauf ankäme, »die Verhältnisse innerhalb der Fabrik und der Gesellschaft weitmöglich« zu revolutionieren, denn »desto weniger wird die Bourgeoisie gleich nach der Revolution in der Lage sein, das Erreichte zurückzudrängen« (AR: 208). Nur die entschiedene revolutionäre Tat könne sichern, dass die Reaktionäre nach der Revolution das Rad der Geschichte nicht mehr auf die vorrevolutionäre Zeit zurückdrehen können (siehe AR 259ff.). Der »bürgerliche Republikanismus in Frankreich« sei »geschichtliches Produkt einiger aussichtsloser Diktaturen des Proletariats« (AR: 261) und der Liberalismus würde dann wieder erstarken, wenn es darum geht, »dem Proletariat dessen Errungenschaften zu nehmen« (AR: 263). Jörn Schütrumpf fasst Luxemburgs Auffassung so zusammen: »Fällt die Revolution auf oder gar vor ihren Ausgangspunkt zurück, herrschen also noch reaktionärere Zustände als vor der Revolution … oder kommt der Rückschlag zum Stehen, ehe er den Ausgangspunkt erreicht hat? In diesem Punkt entscheidet sich, ob eine Revolution als siegreich oder gescheitert erlebt und bewertet wird. Deshalb plädierte Rosa Luxemburg für ein maximales Ausschlagen der Revolution nach links, bis hin zu einer Diktatur des Proletariats – im klaren Bewusstsein, dass diese sich nicht würde halten können. Die Funktion dieser Diktatur war im Verständnis von Rosa Luxemburg nicht zuvorderst die Freisetzung sozialistischer Elemente, sondern die Abfederung des Rückschlages«. (Schütrumpf 2018: 77)

In der Revolution von 1905 entwickelte Luxemburg das Konzept einer Art Doppelherrschaft. Die Arbeiterklasse, so betonte sie, müsse sich über die genauen Schritte nach einem politischen Sieg im Klaren sein, damit ihr »die Früchte des Kampfes« nicht entrissen werden können (Luxemburg 2015: 16). Zum einen bedürfe es einer Provisorischen Revolutionären Regierung, um »die materiellen Machtmittel und -grundlagen in die eigenen Hände zu bekommen: Militärkräfte, Finanzen, Steuern und das öffentliche Vermögen« (ebd.: 20). Diese Regierung müsse das allgemeine Chaos bekämpfen, die Einberufung, die Wahlen zur und die Arbeit einer Verfassungsgebenden Versammlung, der Konstituante, sichern und zugleich die Kräfte der Reaktion »im Zaume halten und ihnen das Messer an die Gurgel setzen« (ebd.: 23). Die Regierung müsse dezidiert sozialistisch sein, eine Regierung des »sozialistischen Proletariats«. Die Konstituante dagegen müsse aus freien Wahlen der gesamten Bevölkerung hervorgehen (ebd.: 24f.). Ihre Schlussfolgerung:

> »So sind also die Provisorische Arbeiterregierung, die als erste Machtstruktur aus dem Schoß der Revolution hervorgeht, und die Verfassungsgebende Versammlung, die von der gesamten Bevölkerung gewählt wird, um unter dem Schutz und der Obhut der Provisorischen Regierung die Verfassung auszuarbeiten, diejenigen Organe, die berufen sind, die Bestrebungen und die Aufgaben der Revolution durchzusetzen, und die die politische Freiheit gleich nach dem Sieg einzuführen haben.« (Ebd.: 25)

Sie ging davon aus, dass die Mehrheit in der Konstituante nicht bei den Sozialisten liegen würde, und verlangte, dass auf Dauer der Kampf »nicht völlig von der Straße in den geschlossenen Versammlungssaal« (ebd.: 35) übergehen dürfe.

In faktischer Vorwegnahme der russischen Situation vom Oktober 1917 bis Januar 1918 sah Luxemburg die Aufgabe, durch eine revolutionäre Regierung eine verfassungsgebende Versammlung einzuberufen, deren Arbeit abzusichern und in der Perspektive an diese die parlamentarische Macht abzugeben. Was sie nicht vorhersah, war der Entschluss des engsten Kreises um Lenin im Januar 1918, diese Machtabgabe nicht zuzulassen. Luxemburgs Ablauf sah anders aus:

> »Konkret gesagt: nach dem Sturz der Zarenherrschaft geht die Macht an den revolutionärsten Teil der Gesellschaft, an das Proletariat über, denn dieses Proletariat wird alle Posten einnehmen und solange auf dem Posten bleiben, bis es die Macht in die Hände der legal dazu berufenen, also in die Hände der neuen Regierung legt, die nur durch die Konstituante, durch die von der ganzen Bevölkerung gewählte gesetzgebende Körperschaft bestimmt werden kann. Aber angesichts der Tatsache, dass in der Gesellschaft nicht die Arbeiterklasse, nicht das Proletariat die Mehrheit ausmacht, sondern das Kleinbürgertum und die Bauern, wird es auch in der Konstituante zu keiner Mehrheit der Sozialdemokraten, sondern der bäuerlich-kleinbürgerlichen Demokraten kommen. Wir können das bedauerlich finden, wir können es aber nicht ändern.« (AR 218)

Freiheit für den Feind

In den Auseinandersetzungen mit ihren politischen Gegnern in der polnischen Sozialdemokratie, die an dem Ziel der Wiederherstellung des polnischen Staates festhalten wollten und, so Luxemburgs Auffassung, zu diesem Zweck auch bereit seien, die freien Diskussion zu unterdrücken, wird jener Gedanke in seiner schärfsten Form ausgesprochen, der dann als Randnotiz ihrer Gefängnisschrift von 1918 »Zur russischen Revolution« über die Freiheit der Andersdenkenden wieder auftaucht. Er steht in Spannung zu Formulierungen wie der, dass die Sozialdemokratie »bei jedem Schritt daran denken [müsse], dass Revolution keine Zeit ist, um mit der Reaktion zu diskutieren, sondern eine Zeit, um sie zu erdrücken und … niederzuwerfen« (AR: 209). Wie uneingeschränkte Presse- und Versammlungsfreiheit für den Feind und dessen Niederwerfen miteinander verbunden werden soll, bleibt ungelöst. Die Mahnung jedoch steht offen im Raum, dass es ohne dieses freie Sprechen des Feindes keine wirkliche Selbstbefreiung der Unterdrückten geben kann.

Wenn diese Befreiung die *eigene bewusste Tat* über ihre Interessen und Ziele sich aufklärender Menschen sein soll, so Luxemburgs Position, dann ist dies völlig unmöglich, wenn sie dabei genau den Raum zerstören, der für diese Selbstaufklärung unverzichtbar ist. Die Vernunft, die aus der freien Kommunikation, dem offenen Wettstreit der Ideen und Einsichten erwächst, ist für Luxemburg wichtiger als die Rationalität, die aus der instrumentellen Unterordnung unter vorgegebene »richtige« Ziele erwachsen könnte. Man könnte auch sagen, dass ihr der befreiende Weg wichtiger war als die versprochene Freiheit am Endziel.

> »Folglich ist das Nutzen der Freiheit von Versammlungen und Presse die wichtigste Sache, die dem Proletariat ermöglicht, während der Kämpfe selbst Bewusstsein zu erlangen; das Proletariat kämpft somit dafür, sich versammeln, die eigenen Angelegenheiten besprechen und in frei herausgegebenen Zeitungen seine Freunde und seine Feinde kennenlernen zu können. Wenn die erste Bedingung für die Bewusstwerdung des Proletariats das Erzwingen von Versammlungs-, Meinungs- und Pressefreiheit aus den Händen der Regierung ist, so ist die zweite Bedingung die schonungslose Nutzung dieser Freiheit, die völlige Freiheit von Kritik und Diskussion in den Reihen der kämpfenden Arbeiter. Meinungs- und Pressefreiheit ist die eine Bedingung, damit das Proletariat Bewusstsein erlangen kann, die andere aber ist, dass das Proletariat selbst sich keine Fesseln anlegt, dass es nicht sagt, darüber dürfe nicht diskutiert werden und darüber auch nicht. Das wissen die aufgeklärten Arbeiter auf der ganzen Welt, und sie sind immer bemüht, sogar ihrem schlimmsten Gegner das Recht zuzugestehen, seine Auffassung frei darlegen zu können.« (AR: 152)

6. In der Defensive

> »*Man soll sich noch die Kehle heiser reden, damit möglichst viele Teppe in den Reichstag hineinkommen und dort den Sozialismus zum Hohn machen.*« (GB 4: 127)

Wider den Nichts-als-Parlamentarismus

Die Jahre nach der ersten russischen Revolution waren Jahre, in denen Rosa Luxemburg immer härter und immer verzweifelter gegen die Passivität der SPD gegenüber Imperialismus, Militarismus und den autoritär-halbfeudalen Strukturen des deutschen Kaiserreichs anrannte. Fassungslos stand sie »vor der Tatsache, dass die mächtigste proletarische Organisation der Welt, nachdem sie die Stärke von $^2/_3$ Millionen politisch Organisierter, 2¼ Millionen gewerkschaftlich Organisierter und 3¼ Millionen Wählern erreicht hat, beinahe daran ist, zu erklären, dass sie die Beschlüsse der internationalen Kongresse nicht durchführen könne« (GW 2: 275). Immer war sie davon ausgegangen, dass mit dem Erstarken der Sozialdemokratie »die aufgeklärte Arbeitermasse [...] ihre Schicksale, die Leitung ihrer Gesamtbewegung, die Bestimmung ihrer Richtlinien in die eigene Hand« (GW 2: 280) nehme, und musste erleben, wie die in der Reichstagsfraktion organisierte Führung die SPD ruhig hielt. Heftig wandte sie sich gegen Kautskys »Ermattungsstrategie«, in der sie nichts anderes sah als die Apologie der Passivität: »*Nichtsalsparlamentarismus* – das ist alles, was Kautsky der Partei heute zu empfehlen weiß.« (GW 3: 316)

Luxemburg engagierte sich für eine Offensive, um endlich das allgemeine Wahlrecht in Preußen durchzusetzen, agitierte für die Republik, um die Herrschaft der Clique um den Kaiser und das Bündnis von Junkertum und Großkapital zu brechen, und forderte, dass im Falle eines Krieges die deutschen Arbeiter die Waffe nicht gegen ihre Klassenbrüder richten dürften. Dies brachte ihr eine Verurteilung zu einer Gefängnisstrafe von 14 Monaten ein. Ihre Popularität bei den Arbeiterinnen und Arbeitern in Deutschland stieg, aber zugleich verlor sie jeden institutionellen Einfluss in der SPD. Der »Sumpf« der Partei, so Luxemburg, wandte sich jetzt gegen die Linke (GW 3: 352). Der Zugang zu den Zeitungen und Zeitschriften der Partei wurde ihr mehr und mehr versperrt. Die Organisation stellte sich zwischen sie und die Massen und machte die von Luxemburg geforderte Antwort auf die imperialistische Politik, »das eigene Auftreten der breitesten Massen, ihre eigenen politischen Aktionen, Massendemonstrationen, Massenstreiks« (GW 3: 194) völlig unmöglich. 1913 warnte Luxemburg die SPD:

> »Die Sozialdemokratie ist historisch dazu berufen, die Vorhut des Proletariats zu sein, sie soll als Partei der Arbeiterklasse führend voranstürmen. Bildet sie sich aber ein, sie allein, die Sozialdemokratie, sei berufen, die Geschichte zu machen, die Klasse sei selbst nichts, sie müsse erst ganz in Partei verwandelt werden, ehe sie handeln darf, dann kann sich leicht ergeben, dass die Sozialdemokratie zum hemmenden Moment im Klassenkampf wird und dass sie, wenn die Zeit reif ist, der Arbeiterklasse nachlaufen muss, von ihr wider Willen zu Entscheidungsschlachten geschleift.« (GW 3: 254)

Die Politik der Reichstagsfraktion würde, sieht sie 1913 voraus, letztlich dazu führen, dass sie bei Ausbruch eines Krieges auch dessen Finanzierung zustimmen würde (siehe GW 3: 341). Die Aufrufe zur Steigerung der »Aktionsfähigkeit der Massen« (GW 3: 451), wenige Monate vor Ausbruch des Weltkrieges, fanden große Zustimmung an der Parteibasis und blieben doch ohne unmittelbare Auswirkung auf die Politik der SPD.

Nur allzu bekannt ist Rosa Luxemburgs Kritik an den autoritären Tendenzen Lenins schon 1903 und mündend in ihrer Kritik an der Errichtung einer bolschewistischen Diktatur 1917/18. Die Schärfe und die Hellsichtigkeit dieser Kritik der Bolschewiki beruhte aber vor allem auf ihren unmittelbaren politischen Erfahrungen in der demokratischen deutschen Sozialdemokratie. Im Februar 1915 konstatierte Rosa Luxemburg das Paradoxon der Selbstaufgabe dieser erfolgreichsten proletarischen Partei der Geschichte:

> »Noch nie, seit es eine Geschichte der Klassenkämpfe, seit es politische Parteien gibt, hat es eine Partei gegeben, die in dieser Weise, nach fünfzigjährigem unaufhörlichem Wachstum, nachdem sie sich eine Machtstellung ersten Ranges erobert, nachdem sie Millionen um sich geschart hatte, sich binnen vierundzwanzig Stunden so gänzlich als politischer Faktor in blauen Dunst aufgelöst hatte wie die deutsche Sozialdemokratie. An ihr, gerade weil sie der bestorganisierte, bestdisziplinierte, geschulteste Vortrupp der Internationale war, lässt sich der heutige Zusammenbruch des Sozialismus am klassischsten nachweisen.« (GW 4: 21)

Schon zehn Jahre vor dem Schicksalsaugust von 1914 erkannte Rosa Luxemburg Tendenzen des »Aufkommen(s) eines regelrechten gewerkschaftlichen Beamtenstandes« (GW 2: 163), der in der Parlamentarisierung der sozialdemokratischen Führungsspitze und der Entwicklung von Parteibeamten sein Pendant hatte. Sie sah darin ein »notwendiges Übel« und warnte, »dass diese notwendigen Förderungsmittel ... auf einer gewissen Höhe der Organisation und auf einem gewissen Reifegrad der Verhältnisse in ihr Gegenteil, in Hemmnisse des weiteren Wachstums umschlagen« (ebd.). Die parlamentarischen und gewerkschaftlichen Formen des Kampfes innerhalb festgefrorener Zustände langsamer Evolution würden zunehmend als die einzig möglichen Formen angesehen und die damit verbundenen Organisationen »aus einem Mittel zum Zweck allmählich in einen Selbstzweck, in ein höchstes Gut verwandelt ..., dem die Interessen des Kampfes [vielfach] untergeordnet werden« (ebd.).

Aus Angst, die Ergebnisse der bisherigen Entwicklung infrage zu stellen – Parlamentspositionen oder Grad der gewerkschaftlichen Organisation – würde, so Rosa Luxemburg, gerade dann innerhalb der Sozialdemokratie auf die Anwendung offensiver Mittel des Kampfes verzichtet, wenn sie am dringendsten wären. Mit der Begründung, man hätte noch keine parlamentarische Mehrheit, würden selbst die Minimalforderungen der Sozialdemokratie aufgegeben; mit der These, man habe noch nicht restlos alle Arbeiter organisiert und könne nicht jeden Streikenden aus der Streikkasse voll bezahlen, würde entschlossenes Handeln in Situationen, wo es auf der Tagesordnung sei, blockiert.

Umso größer die organisatorischen Machtmittel der deutschen Arbeiterklasse, so schien es, umso unmöglicher war es, diese im politischen und sozialen Klassenkampf zu gebrauchen:

> »Je mehr unsre Organisationen wachsen, Hunderttausende und Millionen umfassen, um so mehr wächst notgedrungen der Zentralismus. Damit geht aber auch das geringe Maß an geistigem und politischen Inhalt, an Initiative und Entschluss, das im alltäglichen Leben der Partei von den Organisationen aufgebracht wird, gänzlich auf die kleinen Kollegien an der Spitze: auf Vereinsvorstände, Bezirksvorstände und Parlamentarier, über. Was für die große Masse der Mitglieder übrigbleibt, sind die Pflichten zum Beitragzahlen, zum Flugblätteraustragen, zum Wählen und zu Wahlschlepperdiensten, zur Hausagitation für das Zeitungsabonnement und dergleichen.« (GW 3: 252f.) Es war für sie »die Lebensfrage der Sozialdemokratie«, »dass der politische Gedanke und der Wille der *Masse* der Partei stets wach und tätig bleiben, dass sie sie in *steigendem* Maße zur Aktivität befähigen« (GW 3: 39).

Dies sah sie als Grundbedingung für den notwendigen Strategiewechsel an. Sie wollte, dass die erreichte Quantität in eine neue Qualität umschlägt und über den »Rahmen des bürgerlichen Parlamentarismus« (GW 3: 222) hinausführt und der Massenstreik zur »Praxis des Proletariats« in der »Phase der selbständigen Aktion der proletarischen Masse« (GW 3: 247) wird.

Als am 14. Januar 1914 die Reichstagsfraktion der SPD die Frage des Massenstreiks diskutierte und Luxemburg ihre Positionen vortrug, wurde der Antrag auf eine offensive Propagierung desselben als Kampfmittel abgelehnt (mit 52 zu 37 Stimmen bei elf Enthaltungen) und das Ganze in eine Kommission zur weiteren Prüfung verwiesen (siehe Laschitza 2016: 44-46). Die SPD gab den Widerstand gegen das Kaiserreich schon weit vor dem August 1914 auf. Sie war nicht länger kampfeswillig. Nicht ihre bisherigen Feinde, sondern sie selbst war ermattet. Offen sprach

Luxemburg vom »parlamentarischen Kretinismus« (GB 4: 202). Der Anarchist Erich Mühsam schrieb 1913 über Rosa Luxemburg, »dass sich der Rest von Tatkraft, Angriffslust und Idealismus, der noch in ihrer Partei lebt, fast ganz auf diese eine Frau konzentriert hat ..., auf diese Frau ..., vor deren Klugheit und Charaktergeradheit ich trotz meiner überall abweichenden Ansichten respektvoll den Hut ziehe« (zitiert in Geide 1995: 138).

Der Große Krieg und die Suche nach einer strategischen Antwort

Der August 1914 war für die europäische Linke ein Schock. Über mehr als ein Jahrzehnt hatte sie sich auf Kongressen und in Appellen auf diese Stunde eines Weltkrieges vorbereitet, nur um in der Stunde der Wahrheit unfähig zu sein, den Herrschenden zu widerstehen. Es schien, als machte der Tanker SPD von heute zu gestern eine jähe Wendung, die von der Reichstagsfraktion ausging. Doch war diese Wendung lange vorbereitet. 1913 war dies offensichtlich: Die Fraktion der SPD im Reichstag stimmte der Deckungsvorlage für die Heeresvermehrung zu und der Parteitag von 1914 segnete dies mit Mehrheit ab. Die Kräfteverhältnisse in der SPD waren nach längerer »Inkubationszeit« gekippt (Anton 2018: 82). Die eiserne Fraktionsdisziplin hielt die Reichstagsabgeordneten, die sich im August 1914 zumindest enthalten oder ganz gegen die Kriegskredite stimmen wollten, unter Kontrolle. Die Paria-Raupe der ewigen Oppositionspartei SPD häutete sich und eine das Kaiserreich tragende Mitgestaltungspartei kam zum Vorschein. Nur hieß Mitgestaltung zunächst einmal das aktive Mitwirken am Übergang zu einer Kriegswirtschaft und Disziplinierung der Arbeiterinnen und Arbeiter und der Soldaten. Die Organisationsmacht siegte über die von Luxemburg beschworene Eigenaktivität der Massen. Das Schlimmste für Luxemburg waren die Ausschaltung der SPD als eigenständiger »Machtfaktor« und die moralische Niederlage, der Verrat der Ideale, für die die Sozialdemokratie eingestanden war (siehe GW 4: 43).

Verfolgt man die Stellungnahmen und Schriften von Luxemburg in den Monaten nach Ausbruch des Ersten Weltkriegs, so fällt ein krasser Gegensatz zum Agieren von Lenin auf. Dieser brauchte nur Minuten, bestenfalls Stunden, um sich von dem Schock zu befreien und die Katastrophe als mögliche Chance zu erkennen. Während Luxemburg – wie Lenin – den Verrat geißelte und – anders als dieser – vor allem das Morden, die Barbarei, den zivilisatorischen Rückschritt ins Zentrum rückte, begann Lenin unverzüglich, die strategischen Optionen zu studieren, die sich bei einer absehbaren Niederlage Russlands im Krieg gegen Deutschland ergeben würden. Er hatte vor Augen, dass die Niederlage gegen Japan 1904/05 zum Auslöser der ersten russischen Revolution geworden war. Lenin begann jene Elemente zu entwickeln, auf denen seine ungewöhnliche strategische Interventionsfähigkeit in den Jahren 1917/18 resultierte. Wie Hannah Arendt schrieb, weigerte sich Luxemburg dagegen »von Anfang bis zum Ende kategorisch, im Krieg etwas anderes als das schrecklichste Unheil zu erblicken, was auch immer dabei herauskommen mochte – nach ihrer Meinung waren die Kosten an Menschenleben, besonders proletarischer Menschen, in jedem Falle zu hoch. Außerdem ging es ihr einfach gegen den Strich, die Revolution als Nutznießerin von Krieg und Blutvergießen zu betrachten – was Lenin nicht das geringste ausmachte.« (Arendt 1989: 66)

Es finden sich in Luxemburgs Schriften zumindest bis Anfang 1918 keine ausgearbeiteten Versuche, die möglichen Szenarien eines Endes des Krieges und die strategischen Optionen für die Linken in Deutschland (geschweige denn in Polen) zu durchdenken. Das Instrumentelle, das Lenin auszeichnete, war ihr fremd. Von diesem ist überliefert, dass er nach der Hinrichtung seines von ihm außerordentlich verehrten und geliebten Bruders Alexander gesagt haben soll: »Gebt mir eine Partei und ich hebe Russland aus den Angeln.« Luxemburg dachte anders: Sie wollte durch ihr Wirken, durch ihre Schriften die Arbeiterinnen und Arbeiter ermutigen, wachrütteln, dafür begeistern, ihre Angelegenheiten in die eigenen Hände zu nehmen. Dies vor allem war für sie Sozialismus, so sehr sie ihn zugleich als Ordnung des Gemeineigentums dachte. Diese Ordnung aber war für sie nur Mittel für die Selbstregierung der Arbeitenden in allen Lebensbereichen. Diese Energie der Selbstermächtigung wollte Luxemburg freisetzen, während Lenin sie einzusetzen suchte unter möglichst strikter

Kontrolle mit dem Ziel der Eroberung der politischen Macht unter Führung einer disziplinierten Partei.

Aus einer solchen radikal-demokratischen Orientierung Luxemburgs ergab sich auch ihre strikte Ablehnung des Austritts aus der SPD im Herbst 1914. An Kostja Zetkin schrieb sie in dieser Zeit: »Über dein ›Austreten‹ aus der Partei habe ich gelacht. Du großes Kind, willst du vielleicht aus der Menschheit auch ›austreten‹?« (GB 5: 7) In einem anderen Brief heißt es, dass die schlechteste Arbeiterpartei besser sei als keine (GB 6: 177). Sie wollte die in der SPD organisierten Massen der Arbeiterinnen und Arbeiter für eine andere Politik gewinnen, nicht sie der Disziplin einer anderen Partei unterwerfen. Auch der Trennung von der USPD widersetzte sich Luxemburg noch im Herbst 1918. Sie wollte bei der Mehrheit bleiben, um sie zu verändern:

> »Es genügt nicht, dass eine Handvoll Leute das beste Rezept in der Tasche hat und schon weiß, wie man die Massen führen soll. Diese Massen müssen geistig den Traditionen der 50jährigen Vergangenheit entrissen, von ihnen befreit werden. Und das können sie nur im großen Prozess ständiger schärfster innerer Selbstkritik der Bewegung im ganzen.« (GW 4: 274)

Dass dazu auch der organisatorische Bruch zwingend notwendig werden kann, wollte sie lange nicht akzeptieren. Zudem hatte sie Sorge, dass eigene organisatorische Zusammenschlüsse »den paar aktionsfähigen Leuten die Hände […] binden« (GB 5: 93).

Für Luxemburg war es unklar, wie es im und nach dem Kriege weitergehen sollte. Sie konzentrierte sich auf Vorschläge für eine neue Internationale, doch fehlte weitgehend eine Antizipation konkreter Handlungsoptionen in möglichen offenen Situationen. Wie sie bekannte:

> »Alles ist noch in der Verschiebung begriffen, der große Bergrutsch scheint gar kein Ende zu nehmen, und auf einem solchen zerwühlten und schwankenden Felde die Strategie zu bestimmen und die Schlacht zu ordnen ist eine verteufelt schwierige Sache.« (GB 5: 70)

Der weitgehende Verzicht auf ein strategisch-instrumentelles Durchdenken von Handlungssituationen und die bis 1918 andauernde Ablehnung der Schaffung einer eigenen Partei erwiesen sich in der Novemberrevolution als fatal. Während die Arbeiter- und Soldatenräte SPD und USPD als gleichberechtigte sozialdemokratische Parteien ansahen, die gemeinsam provisorisch die Regierungsgeschäfte übernehmen sollten, waren die Spartakisten Karl Liebknecht und Rosa Luxemburg zwar als Personen bekannt – geliebt und bewundert oder gehasst –, aber sie verkörperten keine eigene organisierte Massenkraft der Linken. In dieser Eigenschaft waren sie nichtexistent, was bis in den Januaraufstand von 1919 nachwirkte.

Es erwies sich, dass Führung ohne Organisation ins Leere läuft und der organisierten Gegenrevolution keine wirksame Macht entgegenzusetzen hatte. Die Selbstorganisation von Massen ist ohne die Organisation von Minderheiten viel zu unbeständig. Der direkte Appell an eine breitere Öffentlichkeit kann eine hohe moralische Ausstrahlung erfahren, aber in kritischen Momenten des Handelns wie in den ruhigen Perioden sind Organisationen von entscheidender Bedeutung. In ihrer Kritik des »Organisationskretinismus« lässt Luxemburg eine positive Analyse von Organisationsmacht vermissen. Mit Recht betont Peter Nettl, dass die »Gleichgültigkeit, ja Verachtung, mit der sie Probleme und Methoden der Organisation behandelt, ... in hochorganisierten Gesellschaften« (Nettl 1967: 24) fehl am Platz sei.

In den finsteren Jahren des Ersten Weltkriegs, lange Zeit eingesperrt in die Gefängnisse des Kaiserreichs, war Rosa Luxemburg von einem absolut überzeugt: Diese Niederlage der Sozialdemokratie, diese weltgeschichtliche Katastrophe eines Krieges der imperialistischen Staaten wird eine Gegenreaktion erzeugen, die den Sozialismus auf die Tagesordnung setzen wird. In der »Sozialdemokratischen Korrespondenz« vom 27. August 1914, ihrem einzigen Sprachorgan in dieser Zeit, schrieb sie:

> »Heute noch stumm und erdrückt von dem Unfassbaren, werden die Völker sich morgen aufrichten und erkennen: Eine Gesellschaft, die solche Ungeheuer in ihrem Schoße barg, ist un-

möglich. Eine Gesellschaftsordnung, die zum Chaos führt, muss über kurz oder lang im Chaos untergehen. Rückfall der Menschheit in die Barbarei oder Wiedergeburt durch eine planmäßig organisierte, auf der Völkerverbrüderung basierende Gesellschaftsordnung – das ist die Alternative, vor die alle Kulturnationen durch den heutigen Weltkrieg, mag er ausgehen, wie er will, gestellt werden.« (GW 7.2: 893)

7. Das imperialistische Zeitalter und die Akkumulation des Kapitals

> *»Es war seit jeher den Epigonen vorbehalten, befruchtende Hypothesen des Meisters in starres Dogma zu verwandeln und satte Beruhigung zu finden, wo ein bahnbrechender Geist schöpferische Zweifel empfand.«* (GW 5: 444)

»Hilf mir, aber schnell, folgendes Ideechen zu lösen ...«

Rosa Luxemburgs Akkumulationstheorie hat eine Vorgeschichte, die in die Mitte der 1890er Jahre zurückreicht. Ihre Dissertation zur Entwicklung des Kapitalismus im russisch besetzten Königreich Polen (siehe oben unter 3.) führte ihr die Rolle der Umwandlung der subsistenzwirtschaftlichen bäuerlichen und handwerklichen Produktion in Warenproduzenten und ihre damit verbundene Integration in die zunehmend kapitalistisch geprägten Märkte vor Augen. Während Marx sich im »Kapital« auf das Modell einer durchkapitalisierten Volkswirtschaft konzentrierte, also »reinen« Kapitalismus annahm, war ihr Gegenstand eine Volkswirtschaft, die kapitalistische Großbetriebe genauso einschloss wie halbfeudale Großwirtschaften und Kleinproduktion mit starkem Anteil von Subsistenzwirtschaft, und dies alles im raschesten Umbruch (GW 1.1: 117ff.). Sie konnte im russisch besetzten Polen die Bedeutung der Nachfrage nichtkapitalistischer Sektoren für die Entstehung eines inneren kapitalistischen Marktes studieren.

In der Auseinandersetzung mit Bernstein war das Problem der Akkumulation des Kapitals und ihrer Grenzen aufgeworfen worden. Wie Luxemburg am 2. Juli 1898, in der heißen Phase ihrer Arbeit an den Anti-Bernstein-Artikeln, an Jogiches schrieb:

> »Am schwierigsten sind zwei Punkte: 1. über die Krisen, 2. der positive Beweis, dass der Kapitalismus sich den Schädel zerschmettern muss, was meines Erachtens *unvermeidlich* ist, und das ist nicht mehr und nicht weniger als eine kurze Begründung neuer Art des wissenschaftlichen Sozialismus.« (GB 1: 166)

Sie war schon zu dieser Zeit nicht zufrieden mit den vorliegenden Begründungen, wie sie sie von Marx und Engels her kannte. Ein halbes Jahr später, am 9. Januar 1899, präzisierte sie ihr Problem in einem weiteren Brief an Jogiches:

> »Jetzt hilf mir, aber schnell, folgendes Ideechen zu lösen: Mit der Entwicklung des Kapitalismus entwickeln sich die Widersprüche *u(nd) die Unhaltbarkeit* nicht nur der kapitalistischen *Wirtschaft*, sondern auch des kapitalistischen *Staates*. Das letztere, d.h. die kapitalistische Politik strebt ebenfalls *zum Zusammenbruch*. Eine Illustration aus der Praxis: In der internationalen Politik spielte bis vor etwa fünf bis sechs Jahren eine zentrale Rolle Konstantinopel, um das sich der ganze internationale Kampf drehte... Um 1895 erfolgte eine wichtige Veränderung. Der japanische Krieg öffnet das Tor nach China, und die europäische Politik, getrieben von den kapitalistischen und staatlichen Interessen, stürzte nach Asien. Konstantinopel trat in den Hintergrund... Klar ist, dass die Aufteilung Asiens und Afrikas das letzte Ziel ist, jenseits dessen es für die europäische Politik kein weiteres Feld gibt, um sich zu entwickeln. Dann tritt erneut eine solche *Einklemmung* ein wie neulich bei der Orientfrage, und den Staaten Europas bleibt nichts anderes, als sich aufeinander zu stürzen, d.h., in der Politik beginnt *die Periode der Schlusskrisen* etc. etc. Du verstehst schon, *was für herrliche Ausblicke das gewährt*«. (GB 1: 249f.)

Von Anfang an band Luxemburg die Frage des unvermeidlichen Zusammenbruchs des Kapitalismus an die Tendenz zur Überproduktion:

> »Ob also eine Weltkrisis, ob die partiellen Krisen bald oder nicht bald eintreten, das sind sehr untergeordnete Fragen, die man auch gar nicht beantworten kann. Genug, die allgemeine *Überproduktion* in dieser oder jener Form muss und wird über kurz oder lang eintreten. Und *dies* ist es, was das *Todesurteil* für die kapitalistische Gesellschaft bedeutet.« (GW 1.1: 550).

Aber erst mit ihrer Tätigkeit als Lehrerin für Nationalökonomie an der Parteischule der SPD bot sich ihr die Möglichkeit, dieser Frage systematisch nachzugehen und eine Antwort zu finden, die diese These aus ihrer Sicht überzeugend wissenschaftlich zu erklären vermochte.

In der Zeit vor dem Ersten Weltkrieg, als sie an der »Akkumulation des Kapitals« arbeitete, war für sie das Problem des Imperialismus immer wichtiger geworden. Ihre politische Agitation und ihre theoretische Arbeit bildeten miteinander verbundene Linien, die gemeinsame Fragen aufwarfen. Innen- und Außenpolitik sollten in ihrem strategischen Zusammenhang begriffen werden (siehe GW 3: 11). Eine Argumentation, die »die Kolonialpolitik« nur als »ein schlechtes Geschäft« darstellt, da sich Aufwand und Nutzen nicht decken (GW 3: 35), lehnte sie strikt ab. Imperialismus war für sie folgerichtige Verstärkung jener Elemente, die »die Kapitalsgeschichte von ihrer Wiege an« begleitet habe. Anders als z.B. Bernstein konnte sie keine zivilisatorischen Segnungen erkennen:

> »Das innerste Wesen, der Kern, der ganze Sinn und Inhalt der imperialistischen Politik der kapitalistischen Staaten ist das fortschreitende und unausgesetzte Zerreißen aller nichtkapitalistischen Länder und Völker in Fetzen, die von dem Kapitalismus nach und nach verschlungen und verdaut werden.« (GW 3: 28)

Die Zeit nach 1870 war eine Epoche relativer Ruhe im Zentrum des kapitalistischen Weltsystems und zugleich der endgültigen kolonialen Aufteilung der Welt gewesen. Der Reichtum der Gesellschaften Westeuropas und der USA wuchs und mit ihr – wenn auch deutlich geringer – die Teilhabe der arbeitenden Klassen der kapitalistischen Zentren an diesem Reichtum. Die Vormacht des Besitzbürgertums in England wurde durch die Herrschaft von Finanz- und Industrieoligopolen abgelöst (zu den Paradoxa dieser Zeit siehe Hobsbawm 1989: 9f.).

Aber diese relative Ruhe kam um 1900 an ihr Ende. Während in den Metropolen ein Stellungskrieg von Kapital und Arbeit herrschte, brachen die gewaltsamen Konflikte an den Rändern auf – erstens zwischen den imperialistischen Staaten, zweitens zwischen ihnen und sich formierenden antikolonialen Bewegungen und drittens als Volksrevolutionen, so mit den revolutionären Umbrüchen in China (seit 1900), der russischen Revolution (1905/07) und der Revolution in Mexiko (1913 bis 1920). In den imperialistischen Hauptländern stockten die demokratischen und sozialen Reformen, die imperialistische Unterdrückung nahm angesichts wachsenden Widerstands brutalere Formen an und die zwischenimperialistischen Konflikte drohten, außer Kontrolle zu geraten.

Gemeinsam mit Lenin und anderen radikalen Linken der Sozialistischen Internationale forderte Luxemburg nach 1900, dass die Sozialdemokratie »von der Weltpolitik Kenntnis nimmt«, denn »alle Länder leben beständig im Kriegszustand« (GW 6: 305, 306). Deshalb bräuchten die sozialistischen Bewegungen eine neue Strategie und Theorie. Für die einen schienen wichtige Annahmen der Marxschen Theorie der Kapitalakkumulation schlicht widerlegt. Für die anderen war eine Weiterentwicklung der Marxschen Politischen Ökonomie und ihre Erweiterung geboten, um eine offensive Antwort auf die Herausforderungen zu finden.

Die in dieser Zeit vorgelegten marxistischen Analysen waren vor allem durch Rudolf Hilferdings grandiose Studie zum Finanzkapitals geprägt, die 1910 erschien (Hilferding 1947). Auf sie bezogen sich die führenden Theoretiker der Zweiten Internationale von Kautsky (1911, 1914) bis Lenin (1916) und Bucharin im Jahre 1917 (1969). Eine wichtige Quelle für alle war das Werk von John Atkinson Hobson aus dem Jahre 1902 (Hobson 1968). Sie setzten an der schon von Marx beobachten Entwicklung des Kredits und der Aktiengesellschaften sowie an der von ihm prognostizierten Zentralisation an. Marx hatte diese Zentralisation bis hin zu einer Situation extrapoliert, »wo das gesamte gesellschaftliche Kapital vereinigt wäre in der Hand, sei es eines einzelnen Kapitalisten, sei es einer einzigen Kapitalistengesellschaft« (MEW 23: 656).

Die Gesellschaft als kultureller Organismus

Rosa Luxemburgs Zugang zur kapitalistischen Akkumulation fiel erkennbar aus diesem Diskurs heraus. Sie erkannte natürlich die Bedeutung von Großbanken und Großkonzernen sowie Kartellen, aber anders als viele der genannten Theoretiker sah sie in dieser Zentralisation und Konzentration nicht vornehmlich Vorformen des Sozialismus, die man eigentlich nur zum Wohle der Arbeiter umdrehen müsse, sondern betonte die zerstörerische Wirkung, die sie auf die kolonialen oder halbkolonialen Wirtschaften, vor allem auf die kleinbäuerliche Produktion, haben. Detailliert analysierte sie die Umverteilung hin zu den monopolistischen Organisationen, vermittelt durch die staatlichen Organe. Ihr positiver Bezugspunkt waren nicht die Großorganisationen des Kapitals oder Staats, sondern die Selbstorganisation der Arbeiter und nicht zuletzt der Bauern in den vorkapitalistischen Gemeinschaften, die sie immer wieder heranzog, um die Möglichkeit einer nichtkapitalistischen Wirtschafts- und Eigentumsordnung zu illustrieren. Scharf analysierte sie deren Zerstörung. Vor Tausenden Zuhörerinnen und Zuhörern hielt sie 1907 öffentliche Vorlesungen, während zugleich ihre Arbeit an der Parteischule der SPD begann. Es waren große öffentliche Ereignisse.

Wie Christel Neusüß (1985: 306) bemerkte, war Rosa Luxemburgs zentrale Fragestellung die der *Reproduktion des Ganzen der Gesellschaft*. Luxemburg verstand Gesellschaft als *kulturellen Organismus*, deren Teil die Wirtschaft mit ihren konkreten soziokulturellen und politischen Ausformungen ist. Sie begann ihr Werk zur Akkumulation des Kapitals nicht wie Marx mit der Ware als Elementarform des Reichtums, sondern mit einem Nachdenken über die Erhaltung der Gesamtgesellschaft als kulturellem Organismus und deren Bedrohung durch die kapitalistische Akkumulation und betonte:

> »Zunächst ist die regelmäßige Wiederholung der Produktion die allgemeine Voraussetzung und Grundlage der regelmäßigen Konsumtion und damit die Vorbedingung der Kulturexistenz der menschlichen Gesellschaft unter allen ihren geschichtlichen Formen. In diesem Sinne enthält der Begriff

der Reproduktion ein kulturgeschichtliches Moment.« (GW 5: 10)

Sie fragte vom Ganzen der Gesellschaft als Zivilisation her und untersuchte die Bedrohungen, denen dieses Ganze und vor allem seine schwächsten Glieder durch die Kapitalakkumulation ausgesetzt sind. Gerade dieser Ausgangspunkt ist die Ursache, wieso Luxemburgs Werk von höchster Aktualität ist und intensiv rezipiert wird (siehe Brie 2016). Für Luxemburg waren es immer Zivilisationen, die sich »reproduzieren«, und nicht nur technologische und ökonomische Verhältnisse. Deswegen schien ihr der Kapitalismus »ein Ding der Unmöglichkeit«, eine Gesellschaft ohne bewusste Organisation, die »sich trotzdem zu einem Ganzen fügt und existieren kann« (GW 5: 770). Schon bei ihr wurde die Politische Ökonomie zur Kulturell-Politischen Ökonomie (siehe die neuen Ansätze von Sum/Jessop 2013).

Die Gründe der wachsenden Konflikthaftigkeit des Kapitalismus nach außen wie nach innen sah Rosa Luxemburg anders als Hilferding nicht vor allem darin, dass das »Finanzkapital in seiner Vollendung die höchste Stufe ökonomischer und politischer Machtvollkommenheit in der Hand der Kapitaloligarchie« bedeute und dies »immer unvereinbarer mit den Interessen der durch das Finanzkapital ausgebeuteten, aber auch zum Kampf aufgerufenen Volksmassen« (Hilferding 1947: 518) sei. Sie definierte das Problem auch nicht wie Lenin, der betonte, dass »Monopole, Oligarchie, das Streben nach Herrschaft statt nach Freiheit, die Ausbeutung einer immer größeren Anzahl kleiner oder schwacher Nationen durch ganz wenige reiche oder mächtige Nationen« den Imperialismus als parasitären oder in Fäulnis begriffenen Kapitalismus« (LW 22: 305) auszeichnen würden. Sie sah die Ursache der Krisen in den Grenzen der kapitalistischen Akkumulation selbst, auf die militaristisch, autoritär und unsozial reagiert werde. Sie stellte nicht die besondere Form des Kapitalismus des frühen 20. Jahrhunderts ins Zentrum, sondern sah in dieser Form die Zuspitzung der allgemeinen Widersprüche. Dies ist Stärke wie auch Schwäche ihres Ansatzes.

Kapitalismus als unmögliche Weltform

Luxemburgs Arbeit »Die Akkumulation des Kapitals. Ein Beitrag zur ökonomischen Erklärung des Imperialismus« (1913) war durch verschiedene Faktoren ausgelöst. Eine wesentliche Rolle spielte erstens die aufmerksame Beobachtung der Verschiebung der weltpolitischen Konflikte (siehe oben). Zweitens stieß sie bei der Lehre an der Parteischule der SPD auf Probleme, die sie innerhalb des Marxschen Paradigmas nicht zu lösen vermochte. Ihr Interesse für die vorkapitalistischen Formen von Wirtschaft einerseits mit deren kommunistischen Zügen und die Empathie für die vom Imperialismus unterworfenen Völker andererseits begünstigten drittens die Richtung ihres Lösungsvorschlags. Unmittelbarer Auslöser war ihre Arbeit an einer »Einführung in die Nationalökonomie«, die Fragment blieb und erst 1925 veröffentlicht wurde. An Kostja Zetkin schrieb sie in dieser Zeit:

> »Ich bin in meiner ökonomischen Arbeit und zwar gleich im letzten Kapital, wo ich den Imperialismus begründen will... Die streng ökonomische Beweisführung führte mich zu Marxschen Formeln am Schluss des II. Bandes des ›Kapitals‹, die mir längst unheimlich waren und wo ich jetzt eine Windbeutelei nach der anderen finde. Ich werde mich damit gründlich abfinden müssen, sonst kann ich meine Auffassung nicht aufstellen. Das freut mich als Gedankenarbeit, nimmt aber Zeit in Anspruch.« (GB 4: 124) Das innertheoretische Hauptproblem war für sie, dass sie innerhalb der Marxschen Politischen Ökonomie keine Antwort auf die folgende Frage finden konnte: »Wer kann ... Abnehmer, Konsument für die gesellschaftliche Warenproduktion sein, deren Verkauf erst die Akkumulation ermöglichen soll? Soviel ist klar, es können dies weder Arbeiter noch Kapitalisten selbst sein.« (GW 5: 426)

In ihrer Arbeit zur Lösung des Akkumulationsproblems kreuzten sich drei Interessen Luxemburgs: Erstens suchte sie eine Antwort darauf, warum der Kapitalismus an Grenzen stößt, die er nicht überschreiten kann. Ihr schien dies im überkommenen Marxismus nicht überzeugend geklärt. Zweitens war ihr ostmitteleuropäischer Blick geschärft für die Zerstörungen des Kapitalismus an seiner Peripherie. Genauer noch: Sie blickte als eine der ersten Marxistinnen von der Peripherie aufs Zentrum des Weltkapitalismus. Und drittens suchte sie nach einer Begründung für die wachsenden imperialistischen Spannungen und die wachsende Kriegsgefahr. Das Vorwort zu ihrer Schrift vom Dezember 2012 endet mit den Worten:

> »Es wollte mir nicht gelingen, den Gesamtprozess der kapitalistischen Produktion in ihren konkreten Beziehungen sowie ihre objektive geschichtliche Schranke mit genügender Klarheit darzustellen. Bei näherem Zusehen kam ich zu der Ansicht, dass hier nicht bloß eine Frage der Darstellung, sondern auch ein Problem vorliegt, das theoretisch mit dem Inhalt des zweiten Bandes des Marxschen ›Kapitals‹ im Zusammenhang steht und zugleich in die Praxis der heutigen imperialistischen Politik wie deren ökonomische Wurzeln eingreift. Sollte mir der Versuch gelungen sein, dieses Problem wissenschaftlich exakt zu fassen, dann dürfte die Arbeit außer einem rein theoretischen Interesse, wie mir scheint, auch einige Bedeutung für unseren praktischen Kampf mit dem Imperialismus haben.« (GW 5: 7)

Rosa Luxemburg fand den zentralen Widerspruch des Kapitalismus darin, »dass die kapitalistische Akkumulation zu ihrer Bewegung nichtkapitalistischer sozialer Formationen als ihrer Umgebung bedarf, in ständigem Stoffwechsel mit ihnen vorwärtsschreitet und nur so lange existieren kann, als sie dieses Milieu vorfindet« (GW 5: 315). Man könnte auch sagen: Ohne Nichtkapitalismus kein Kapitalismus! Dies sei, so meinte sie, »im Sinne der Marxschen Lehre«, aber in Wirklichkeit war es eine fundamental andere Sicht auf die Kapitalakkumulation als die von Marx im ersten Band des »Kapital« gewählte. Marx habe nur die »eine Seite« dieser Akkumulation betrachtet, jene, die sich zwischen Kapital und Arbeit in der »Produktionsstätte des Mehrwerts« vollziehe. »Die andere Seite der Kapitalakkumulation«, so Luxemburg, »vollzieht sich zwischen dem Kapital und nichtkapitalistischen Produktionsformen« (GW 5: 397). Diese Seite der Kapitalakkumulation aber sei so endlich wie der irdische Globus, den man schon zu ihrer Zeit weit schneller als in 80 Tagen umrunden konnte.

Kapitalakkumulation war für Luxemburg die Verbindung von Ausbeutung der Lohnarbeit *und* Ausbeutung wie Zerstörung nichtkapitalistischer Zivilisationen. In letzteren findet sie etwas, was der Kapitalismus nach ihrer Auffassung nicht besitzt – die Produktion für die unmittelbaren Bedürfnisse und die direkte Regelung der gemeinsamen Angelegenheiten. Vorbild ist die »agrarkommunistische Wirtschaftsorganisation«. Hier lag ihre Sympathie, wie ihre Sprachwahl zeigt:

> »Man kann sich nichts Einfacheres und Harmonischeres zugleich vorstellen als dieses Wirtschaftssystem der alten germanischen Mark. Wie auf flacher Hand liegt hier der ganze Mechanismus des gesellschaftlichen Lebens. Ein strenger Plan, eine stramme Organisation umfassen hier das Tun und Lassen jedes einzelnen und fügen ihn dem Ganzen als ein Teilchen ein. Die unmittelbaren Bedürfnisse des täglichen Lebens und ihre gleichmäßige Befriedigung für alle, das ist der Ausgangspunkt und der Endpunkt der ganzen Organisation. Alle arbeiten gemeinsam für alle und bestimmen gemeinsam über alles. Woraus fließt aber und worauf gründet sich diese Organisation und die Macht der Gesamtheit über den einzelnen? Es ist nichts anderes als der Kommunismus an Grund und Boden, das heißt gemeinsamer Besitz des wichtigsten Produktionsmittels durch die Arbeitenden.« (GW 5: 656)

Die vorkapitalistischen Gesellschaften waren für Luxemburg ein »wertvoller historischer Orientierungspunkt, der es ermöglicht, den Kapitalismus zu kritisieren« (Löwy 1989: 141) und auf Merkmale einer nachkapitalistischen Zivilisation vorzugreifen.

Die Begründung dafür, dass die Kapitalakkumulation zwingend auf nichtkapitalistische Milieus angewiesen ist, fand Luxemburg in der These, dass der stets wachsende Mehrwert unter den Bedingungen eines äquivalenten Austauschs keine Abnehmer finden könne. Innerhalb der Marxschen Reproduktionsschemata des Zweiten Bandes des »Kapital« könne nicht erklärt werden, woher die Nachfrage nach dem zusätzlich geschaffenen Wert denn kommen könne, soweit er nicht durch die Kapitalisten selbst konsumiert würde. Es bedürfe »dritter Personen« (GW 5: 299). Es gelte, dass »*zum mindesten* der zu kapitalisierende Mehrwert und der ihm entsprechende Teil der kapitalistischen Produktionsmasse« außerhalb der kapitalistischen Kreise realisiert werden müsse – wo anders also als in der »nichtkapitalistischen Welt« (GW 5: 308)?!

Anders als jede Produktionsweise vor ihm, so Luxemburg, müsse der Kapitalismus alle nichtkapitalistischen Formen verdrängen und bräuchte sie doch wie die Luft zum Atmen. Kapitalismus sei eine Wirtschaftsform, die »gleichzeitig mit der Tendenz, zur Weltform zu werden, an der inneren Unfähigkeit zerschellt, eine Weltform der Produktion zu sein« (GW 5: 411). Sie konnte dabei auf ihre brillante Kurzdarstellung der Entwicklung der globalen Baumwollproduktion und kapitalistisch-industriellen Revolution zurückgreifen, wo wie im Brennglas die Widersprüche von Kapitalismus, Kolonialismus und neuer Sklaverei sowie Leibeigenschaft, von Zentren und Peripherien auf den Punkt gebracht werden (GW 5: 557-563; siehe die Darstellung von Beckert 2014).

Das von Luxemburg betonte Problem der effektiven Nachfrage unter den Bedingungen erweiterter Reproduktion kann nicht dadurch weggeredet werden, dass auf die Nachfrage der kapitalistischen Unternehmen nach konstantem Kapital und den sich erweiternden Eigenverbrauch der Unternehmen an den eigenen Produkten wie Eisen, Kohle usw. verwiesen wird. Es lenkt auch nicht ab vom Widerspruch zwischen Kapital und Lohnarbeit und dem Klassencharakter kapitalistischer Akkumulation (so u.a. Dunayevskaya 1981: 41; Hudis 2014: 478ff.), wenn Luxemburg betont, dass die Bewegung dieser (und anderer) Widersprüche durch das Nadelöhr der Nachfrage hindurch muss. Neben nichtkapitalistischen Milieus macht sie, wenn auch nur auf den letzten Seiten ihres Werkes, auf die Staatsausgaben (nicht zuletzt im Bereich von Rüstung) aufmerksam. Spätere Versuche, im Rahmen von Fordismus, Sozialstaat, keynesianischer Makrosteuerung oder einer schuldengetriebenen Akkumulation die von ihr aufgezeigten Probleme zu bearbeiten, verweisen auf die Vielfalt der Formen, dem Drang nach erweiterter Reproduktion des Kapitalverhältnisses und Sicherung der dafür notwendigen Verwertungsbedingungen Rechnung zu tragen.[13]

Es gibt, wie Luxemburg immer wieder betonte, keinen automatischen Zusammenbruch des Kapitalismus. Judith Dellheim hat darauf verwiesen, wenn sie schreibt: »Wie werden Arbeitende bereit sein und in die Lage kommen, ihre materiellen Bedürfnisse und Lebensweisen so zu verändern, dass sie der Gewalt gegeneinander, gegen Arbeiterinnen und Arbeiter in anderen Ländern, gegen sozial schwächere Bevölkerungsgruppen auf der ganzen Welt, gegen die Natur ein Ende setzen und sie überwinden?« (Dellheim 2016: 313) Solange diese Antwort nicht gefunden ist, wird sich die kapitalistische Akkumulation immer neue Felder der Landnahme und Enteignung erschließen und die eigenen destruktiven Folgen zum Gegenstand der Verwertung umformen.

Mit Rosa Luxemburg nahm die Akkumulationstheorie eine imperialismus- und reproduktionsorientierte Wendung, die sie bis heute behalten hat. Unterstellte Marx einen »reinen Kapitalismus« als Realabstraktion, von der aus nur das Proletariat als wahrhaft fortschrittliche Klasse erschien, so konstruierte Luxem-

---

[13] Riccardo Bellofiore kommt zu der Einschätzung: »Mit allen ihren Beschränkungen stellte die ökonomische Analyse von Luxemburg nichts weniger dar als ein Wiederaufleben der Werttheorie als Theorie der Ausbeutung in einer Geldwirtschaft, geprägt durch die dynamische Konkurrenz zwischen Unternehmen. Ihre Originalität bestand darin, Marx' Perspektive in einem Ansatz aufzugreifen, der durch alte (Wicksell, Schumpeter, Keynes) und neue (Schmitt, Parguez, Graziani) Theorien der Geldzirkulation weiterentwickelt wurde. Genau das, was Kautsky oder Lenin, Bauer oder Bucharin als ihre ›Fehler‹ ansahen, erscheint jetzt als etwas, was Luxemburg zu einer Wegbereiterin einer makroökonomischen Theorie von Ausbeutung, Akkumulation und Krise macht.« (Bellofiore 2010) Schon 1939 hatte Michal Kalecki festgestellt, dass Luxemburg die »klarste Formulierung« des Problems der effektiven Nachfrage vor Keynes geliefert habe (Kalecki 2003: 46).

burg das Verhältnis von kapitalistischer Produktionsweise und nichtkapitalistischen Produktionsweisen als konstitutiv für jede Kapitalakkumulation. Rosa Luxemburg nahm also eine folgenreiche Erweiterung des Marxschen Akkumulationszusammenhangs vor. Die Arbeiterklasse muss sich von diesem Standpunkt zugleich direkt mit dem Kapital *und* mit jenen Zerstörungen auseinandersetzen, die Imperialismus und Militarismus erzeugen. Wie Peter Hudis formuliert: »Rosa Luxemburg bleibt eine entscheidende Bezugsperson für unsere Zeit, weil sie darauf insistierte, dass die Kapitalakkumulation nicht nur von den internen *zeitlichen* Dynamiken partikularer kapitalistischer Gesellschaften abhängt, sondern vor allem von der *räumlichen* Durchdringung und Zerstörung der nichtkapitalistischen Welt durch den Kapitalismus.« (Hudis 2014: 474) Damit stand zugleich die Frage, welche Bedeutung die antikolonialen und antiimperialistischen Kämpfe für eine sozialistische Strategie haben. Für Luxemburg war auf jeden Fall klar, dass die Ignoranz gegenüber dem von ihr aufgezeigten Widerspruch kapitalistischer Akkumulation zwangsläufig »zu dem elenden Fiasko der Sozialdemokratie« (GW 5: 517) geführt habe, das sie im Ersten Weltkrieg erlebte.

Das Kapital, so Rosa Luxemburgs Epochendefinition, expandiere in seiner aktuellen imperialistischen Gestalt und zerstöre dabei nach außen wie nach innen genau jene Kaufkraft, die es zur Realisierung des Mehrwerts brauche. Sie zieht den fulminanten Schluss:

> »Je gewalttätiger das Kapital vermittelst des Militarismus draußen in der Welt wie bei sich daheim mit der Existenz nichtkapitalistischer Schichten aufräumt und die Existenzbedingungen aller arbeitenden Schichten herabdrückt, um so mehr verwandelt sich die Tagesgeschichte der Kapitalakkumulation auf der Weltbühne in eine fortlaufende Kette politischer und sozialer Katastrophen und Konvulsionen, die zusammen mit den periodischen wirtschaftlichen Katastrophen in Gestalt der Krisen die Fortsetzung der Akkumulation zur Unmöglichkeit, die Rebellion der internationalen Arbeiterklasse gegen die Kapitalsherrschaft zur Notwendigkeit machen werden, selbst

ehe sie noch ökonomisch auf ihre natürliche selbstgeschaffene Schranke [ausfallender nichtkapitalistischer Nachfrage – M.B.] gestoßen ist.« (GW 5: 410f., siehe auch den Schluss ihrer erst posthum erschienenen »Einführung in die Nationalökonomie«, GW 5: 778, und die »Antikritik«, GW 5: 430)

Nur die politische Revolution der Arbeiterklasse, so Luxemburg, könne diesen Widerspruch positiv auflösen, sonst drohe der Absturz in die Barbarei (siehe GW 7.1: 229).

Politökonomische Grundlage einer neuen Strategie
Die Verbindung von Entwicklungen in den Zentren und Peripherien des kapitalistischen Weltsystems war immer schon durch starke barbarische Züge geprägt. Angesichts dieser Tatsache begriff Hannah Arendt unter direktem Rückgriff auf Rosa Luxemburg den Imperialismus als eines jener »Elemente« totalitärer Herrschaft, die dem Nationalsozialismus den Weg bereiteten. Sie schrieb: »Unter den Büchern über den Imperialismus ist vielleicht keines von einem so außerordentlichen historischen Instinkt geleitet wie die Arbeit Rosa Luxemburgs. Da sie im Verfolg ihrer Studien zu Resultaten kam, die mit dem Marxismus weder in seiner orthodoxen noch in seiner reformierten Form in Einklang zu bringen waren, und doch sich von dem mitgebrachten Rüstzeug nicht befreien konnte, ist ihr Werk Stückwerk geblieben; und da sie es weder den Marxisten noch deren Gegnern hatte recht machen können, ist es fast unbeachtet geblieben.« (Arendt 1995: 254) Luxemburgs strategische Schlussfolgerungen für die sozialistische Arbeiterbewegung waren vor allem die konsequente Auseinandersetzung mit Imperialismus, Militarismus und Kolonialismus und eine eindeutige Solidarität mit jenen Völkern, die durch den Kapitalismus unterjocht und enteignet werden.

Rosa Luxemburg entwickelte unter Auswertung der russischen Revolution von 1905 ein Politikverständnis, das keine Trennlinie mehr kannte zwischen den Kämpfen der organisierten Arbeiterbewegung und den breitesten Schichten des Proletariats, einschließlich derer, die oft einfach als »Lumpenproletariat« abgeschrieben worden waren, nicht zuletzt durch Marx. Sie schloss in diese Kämpfe die breitesten Volksschichten und nicht zuletzt die Bauern ein, die lange als reaktionär angesehen worden waren. Sie betonte den Zusammenhang zwischen den Kämpfen in den entwickelten kapitalistischen Ländern, denen Russlands und der kolonialisierten oder halbkolonialisierten Völker Afrikas, Lateinamerikas oder Asiens.

In allen diesen Konflikten waren es in ihren Augen immer die Kapitalakkumulation einerseits und die Gegenwehr gegen sie, die direkt oder indirekt die Agenda bestimmten. Insofern konnte gerade auch von denen, die nicht im Zentrum des Systems leben, die größte emanzipatorische Innovation kommen. Auch in der Theorie verlor so die Arbeiterklasse Deutschlands oder Westeuropas für Luxemburg ihre Avantgardestellung. Und in den Kolonien sah sie keine bloßen ökonomischen Anhängsel der Zentren, noch sah sie in den unterworfenen Völkern Objekte der »Zivilisierung«. Indem sie sich *moralisch* auf den Standpunkt der Schwächsten der Weltgesellschaft stellte, indem sie *theoretisch* das Ganze der Kapitalakkumulation fasste und sich nicht auf das unmittelbare Kapital-Lohnarbeiter-Verhältnis begrenzte, und indem sie *praktisch* die Breite der Kämpfe ins Auge fasste, öffnete sie den Marxismus und Sozialismus für neue Bewegungsformen. Für Luxemburg bildete ihre Neufassung der Marxschen Akkumulationstheorie und ihre Begründung einer Strategie der Selbstorganisation der Arbeiter und der Volksmassen insgesamt – und sei es gegen die Herrschaft der bürokratisierten Apparate der eigenen Bewegung – eine Einheit.

Dies alles veränderte auch den Blick auf den Sozialismus. Für Rosa Luxemburg war er nicht einfach ein Industriesystem in den Händen einer siegreichen Arbeiterklasse, sondern Beginn einer neuen Zivilisation, die nicht nur das Erbe der großen Industrie, sondern ein viel reicheres zivilisatorisches Erbe antritt. Es schloss auch und gerade die vorkapitalistischen Zivilisationen ein. Sozialismus war für sie »zugleich von Hause aus Weltform und in sich ein harmonisches System, weil sie nicht auf die Akkumulation, sondern auf die Befriedigung der Lebensbedürfnisse der arbeitenden Menschheit selbst durch die Entfaltung aller Produktivkräfte des Erdrundes gerichtet sein wird« (GW 5: 411), so die letzten Worte ihrer Schrift »Die Akkumulation des Kapitals«. In einer neuen, gegenüber dem Kapitalismus höheren Gesellschaft werden, so Luxemburgs Vision, Elemente der vorkapitalistischen Wirtschaftsformen wieder entstehen – Produktion für die wirklichen Bedürfnisse, Durchsichtigkeit der unmittelbaren Verhältnisse, demokratische Selbstbestimmung der Produzenten und direkte Demokratie.

8. Die Symphonie des demokratischen Sozialismus von 1918

Die Bolschewiki »haben sich ... das unvergängliche geschichtliche Verdienst erworben, zum erstenmal die Endziele des Sozialismus als unmittelbares Programm der praktischen Politik zu proklamieren« (GW 4: 341).

Streit unter Genossen

Man versetze sich zurück in den Sommer 1918. Rosa Luxemburg war ein Jahr zuvor in das Gefängnis in Breslau verlegt worden. Ihre Haftbedingungen hatten sich dadurch drastisch verschlechtert. Über ein Jahr war vergangen, seit in Russland die Revolution begonnen hatte, die sie so begeistert begrüßte. Bei Ausbruch der Februarrevolution in Petrograd wusste sie:

> »Die russischen Ereignisse sind von unberechenbarer, gewaltiger Tragweite, und ich betrachte das, was dort bis jetzt geschehen, nur als eine kleine Ouvertüre. Die Dinge müssen dort ins Grandiose gehen, das liegt in der Natur der Sache. Und ein Echo in der gesamten Welt ist unausbleiblich.« (GB 5: 205)

Doch der Krieg ging weiter. Neue Schikanen erschwerten ihr das Leben. Ihre Gesundheit war untergraben. Die Welt war in Bewegung, vor allem im Osten, sie aber blieb eingesperrt. In Deutschland regte sich Widerstand gegen den Krieg, kam es zu Streiks, aber noch wurde der Widerstand nicht zur massenhaften Befehlsverweigerung, führte nicht zur Bildung von Räten, nicht zur Revolution. In Russland hatten ihre engsten politischen Verbündeten, die Bolschewiki, im November 1917 die Macht ergriffen und kämpften um den Aufbau des Sozialismus. Luxemburg hatte dies vorausgesehen und gewarnt, dass ohne »eine internationale proletarische Revolution« die Diktatur des Proletariats in Russland »zu einer betäubenden Niederlage verurteilt« sei, »gegen die das Schicksal der Pariser Kommune ein Kinderspiel gewesen sein dürfte« (GW 4: 279).

Folgt man den Artikeln, die Rosa Luxemburg in dieser Zeit schrieb, dann wurde ihr im Laufe des Jahres 1918 dieser Sozialismus, für den die Bolschewiki kämpften, zu einem Zerrbild jener Ideale, denen sie sich verpflichtet hatte. Angst vor erneuter Enttäuschung packte sie. In dieser Situation verfasste sie ihre Schrift »Zur russischen Revolution«. Diese Schrift markiert einen tiefen Einschnitt. Spätestens hier wurde deutlich, dass eine »Epoche der Ambivalenz und der Kontroversen« begonnen hatte, so Peter Weiss: »Es war unmöglich, eine absolut richtige, zutreffende Ansicht zu haben, man kam der Wahrheit am nächsten, wenn man den bestehenden Zwiespalt in die Analyse des Sachverhalts einbezog.« (zitiert in Gioia 1989: 13) Genau dadurch zeichnete sich Luxemburg aus. Bei ihr wurde der Widerspruch konsequent zum Selbstwiderspruch.

»Freiheit ist immer Freiheit der Andersdenkenden«, schrieb Rosa Luxemburg im Frühherbst 1918 in kritischer Auseinandersetzung mit den Bolschewiki in ihrer Schrift »Die russische Revolution«. Freiheit dürfe nicht zum »Privilegium« werden. Kein Satz von ihr wird öfter und lieber von (fast) allen Seiten zitiert als dieser. Und keiner wird dabei seichter entsorgt als gerade dieser. Es ist, als hätte er seine Sprengkraft in der Auseinandersetzung mit dem Staatssozialismus, an dessen Beginn wie Ende er stand, erschöpft.

Das aber ist ein fataler Irrtum. Man führe sich noch einmal die Umstände vor Augen, unter denen Rosa Luxemburg diesen Satz schrieb: Sie, die zwischen 1915 und 1918 über 1.200 Tage in deutschen Gefängnissen eingesperrt war, sie, deren Freunde im Kriege fielen oder wie sie verfolgt und inhaftiert wurden, sie, die gegen die Barbarei des Militarismus mit in Deutschland unerhörter Schärfe protestiert hatte und dafür wie eine Kriminelle verurteilt wurde, sie, die sich gegen die Barbarei des Weltkrieges mit ihrer ganzen Persönlichkeit gewandt hatte, fällte ein hartes Urteil über ihre engsten politischen Freunde, die gerade eine Revolution gewonnen hatten.

Obwohl die Diktatur der Bolschewiki eine Diktatur der mit Rosa Luxemburg »Gleichgesinnten« war, obwohl die sozialen Ziele dieser Diktatur auch ihre Ziele waren, obwohl sie hoffen konnte, durch revolutionäre Gewalt befreit zu werden, obwohl sie also durch diese Diktatur begünstigt zu sein schien, lehnte

Rosa Luxemburg sie ab. Höheres als ihre eigenen Interessen sah sie auf dem Spiel. Aber zum ersten Mal in ihrem Leben unterdrückte Rosa Luxemburg auf Drängen von Paul Levi ihr eigenes Andersdenken in der Öffentlichkeit. Vielleicht war dies ihr größter politischer Fehler. Erst drei Jahre nach ihrem Tode, viel zu spät, erschien diese Schrift, herausgegeben nun durch Levi, als Instrument im Kampf zwischen Sozialdemokratie und der Kommunistischen Internationale.

Luxemburg hat ihre Schrift »Zur russischen Revolution« in kürzester Zeit verfasst, wahrscheinlich im September und frühen Oktober 1918 (siehe dazu Laschitza 2002: 571). Auslöser war eine Fußnote, die Ernst Meyer verantwortete, der nach der Verhaftung von Leo Jogiches Redakteur der »Spartacus-Briefe« war. Diese Fußnote distanzierte sich vorsichtig, aber hinreichend deutlich von Luxemburgs Kritik an den Bolschewiki. Dadurch provoziert begann Luxemburg ihre Kritik systematisch auszuarbeiten. Dabei hatte sie Zugang zu den wichtigsten Informationen und einen Überblick über die Diskussion der deutschen und russischen Linken dieser Zeit (siehe die ganze Breite dessen, was ihr zugänglich war, in Schütrumpf 2017). Für mich steht im Folgenden der Sinn im Mittelpunkt, der durch Rosa Luxemburg persönlich mit dieser Schrift verfolgt wurde, und nicht die Bedeutung, die sie spätestens mit ihrer Veröffentlichung im Bruderstreit zwischen Bolschewiki und Sozialdemokratie gewann. Ich werde fragen, welche Auffassungen sie dabei zum Ausdruck brachte und wieso diese bis heute so provozierend sind.

Noch mitten im Krieg, konfrontiert mit dem heftigen Pro und Kontra zur bolschewistischen Politik, machte Luxemburg etwas völlig Unmögliches. Sie entzog sich der Logik »Wir oder sie«, sie ergriff zugleich Partei *für* die Bolschewiki und *gegen* sie. Sie wusste genau: »Es gibt einfach – so paradox dies klingen mag – keine richtige Taktik, die von dem russischen Proletariat heute befolgt werden könnte!« (GW 4: 277) Diese »richtige Taktik« würde erst durch eine sozialistische Revolution in Deutschland möglich werden. Die Bolschewiki waren ihr nicht konsequent genug bei der Beseitigung der Ursachen von Kapitalismus, Völkerhass und Krieg, weil sie den Bauern das Land gaben, die unterdrückten Völker in die nationale Unabhängigkeit entließen und in Brest-Litowsk Frieden mit den Deutschen schlossen. Sie würden, so Rosa Luxemburg, Wege wählen, die nicht *direkt* zum Sozialismus hinführen und ihn zudem diskreditieren würden. Und sie kritisierte die Bolschewiki in größter Schärfe wegen des Übergangs zur Diktatur. Wie ein wilder Trieb schoss eine Notiz am Rand ihres Manuskripts empor, deren Worte bis heute nachhallen:

> »Freiheit nur für die Anhänger der Regierung, nur für die Mitglieder einer Partei – und mögen sie noch so zahlreich sein – ist keine Freiheit. Freiheit ist immer die Freiheit der Andersdenkenden. Nicht wegen des Fanatismus der ›Gerechtigkeit‹, sondern weil all das Belebende, Heilsame, Reinigende der politischen Freiheit an diesem Wesen hängt und seine Wirkung versagt, wenn die ›Freiheit‹ zum Privilegium wird.« (GW 4: 359)

Manchmal wird gesagt, man dürfe Rosa Luxemburg nicht auf den zitierten Satz »Freiheit ist immer die Freiheit der Andersdenken« reduzieren. Damit ist entweder eine Banalität ausgesprochen bei einer Denkerin und Politikerin wie Rosa Luxemburg, die ein großes und komplexes Werk hinterlassen hat, oder aber es soll dieser eine Satz entwertet werden, als sei er ein bloßes Ornament, Rosa Luxemburg nur beiläufig herausgerutscht in der Hitze der Polemik. Sie aber sieht in der Beseitigung der Demokratie ein verhängnisvolles Mittel bolschewistischer Politik und schreibt:

> »Es verschüttet nämlich den lebendigen Quell selbst, aus dem heraus alle angeborenen Unzulänglichkeiten der sozialen Institutionen allein korrigiert werden können: das aktive, ungehemmte, energische politische Leben der breitesten Volksmassen.« (GW 4: 355f.) Wieder ist es eine Metapher aus der freien Natur, die sie bemüht, wenn sie ihre Ideale zum Ausdruck bringen will.

Warum stört und verstört diese kurze Schrift »Zur russischen Revolution« bis heute? Warum bricht sie wie das »ungehemmte« Leben immer wieder hervor, wo man sie nicht haben will? Warum fügt sie sich nicht ein in die scheinbar klaren Frontlinien des 20. Jahrhunderts, und warum ist sie gerade deshalb eine Inspiration für die Erneuerung des Sozialismus im 21. Jahrhundert? Warum konnten die einen wie die anderen versuchen, sie zu vereinnahmen, und warum ist es für alle so schwer, den Geist dieser Schrift auf einen einfachen Nenner zu bringen? Die Ursache dafür sehe ich darin, dass Rosa Luxemburg in diesem Manuskript zwei in der weiteren Geschichte des 20. Jahrhunderts völlig unvereinbar scheinende Gegensätze zu vereinen sucht – Sozialismus und Demokratie.

Ich möchte mich Luxemburgs Schrift nicht dadurch nähern, dass ich mir dieses oder jenes Argument einzeln herausgreife und ins Verhältnis zu Positionen von Lenin bzw. Trotzki einerseits oder Kautsky andererseits als den immer wieder zitierten Antipoden setze. Mir geht es darum, den Sinnzusammenhang, den Rosa Luxemburg in ihrem Text stiftete, zu rekonstruieren. Dazu will ich dieses kleine, ungeheuer nachwirkende Werk als Ganzes nehmen. Ich werde es deshalb wie eine Symphonie fassen, die mit genauso großer Strenge und Bedachtsamkeit wie Leidenschaft komponiert wurde und ganz klassisch aus vier Sätzen besteht. Es geht mir nicht um den historischen oder aktuellen Wahrheitsgehalt ihrer Aussagen, sondern um deren beabsichtigte Zielrichtung; es geht mir um das von Rosa Luxemburg Gemeinte, nicht um das von ihr Bewirkte.

Nur in diesem Sinne gehört die Zukunft überall dem Bolschewismus

Die Schrift »Zur russischen Revolution« beginnt und endet mit einer Würdigung der russischen Revolution und der Bolschewiki. Es sind dies vor allem die Abschnitte I und II sowie der Schlussteil – man kann dies als den langen ersten und kurzen vierten Satz ihrer »Symphonie« ansehen. Die einleitenden Worte geben wie ein Paukenschlag das Motiv vor: »Die russische Revolution ist das gewaltigste Faktum des Weltkrieges.« (GW 4: 332) Immer und immer wieder wird es wiederholt. Beethovens *Eroica* scheint Pate zu stehen. Die Würdigung der Rolle der Bolschewiki in dieser Revolution verweist auf das Hauptthema, das entwickelt wird. Die Bolschewiki allein seien es gewesen, die begriffen hätten, dass der Sozialismus auf der Tagesordnung stehe. Mit der Forderung danach, dass alle Macht den Sowjets gehören müsse, hätten sie die »vorwärtstreibende Parole« ausgegeben und »alle Konsequenzen« daraus gezogen (GW 4: 341). Sie hätten bewiesen, dass gelte: »Nicht durch Mehrheit zur revolutionären Taktik, sondern durch revolutionäre Taktik zur Mehrheit geht der Weg.« (GW 4: 341)

Und die Schrift endet mit einer Würdigung der Bolschewiki. Jenseits von »Detailfrage(n) der Taktik« hätten sie das »wichtigste Problem des Sozialismus« ins Zentrum gerückt: »die Aktionsfähigkeit des Proletariats, die revolutionäre Tatkraft der Massen, der Wille zur Macht des Sozialismus überhaupt« (GW 4: 365). Luxemburg schließt ihr Manuskript mit dem Satz: »Und *in diesem Sinne* gehört die Zukunft überall dem ›Bolschewismus‹.« (Ebd.) Man könnte den letzten Satz ihrer Schrift aber auch so lesen: »*Nur* in diesem Sinne gehört die Zukunft überall dem ›Bolschewismus‹.« Aus dem Paukenschlag ist ein Fortepiano geworden – erst laut, dann leise. Dies ist ein ganz anderes Ende einer Symphonie als das der *Eroica*.

Nachdenklich sollte stimmen, dass Rosa Luxemburg nicht etwa die Machtergreifung der Bolschewiki in Russland ins Zentrum stellte, nicht die Einsetzung einer sozialistischen Regierung und die Gestaltung sozialistischer Institutionen zum Leitmotiv machte. Sie betonte hingegen die Leistung der Bolschewiki bei der Entwicklung der revolutionären *Handlungsfähigkeit* der Arbeiterklasse und der Massen Russlands. Sie blieb ihrem Lebensmotto treu, das sie mit Heine so formuliert: »Die Menge tut es« (siehe GW 4: 208)

Darin und eigentlich auch nur darin sieht sie das bleibende Verdienst der Leninschen Partei. Nicht in der Roten Fahne auf dem Kreml, sondern in dem Handeln von Millionen Arbeitern, Bauern, Soldaten liegt ihr eigentliches Interesse. Und hier klingt auch das »Nebenthema« der Symphonie auf. Wie schon in anderen, vorhergehenden Artikeln ist das eigentliche Ziel ihrer Erörterung der Politik der Bolschewiki die Überwindung der »fatale(n) Trägheit der deutschen Massen« (GW 4: 335).

Nicht die russischen Bolschewiki, sondern die deutschen Arbeiterinnen und Arbeiter waren die Adressaten von Luxemburgs Schrift. Ihre Kritik an der Politik der sowjetrussischen Regierung hatte die Absicht, genau das in Deutschland zu befördern, was sie als die wirkliche Leistung der Bolschewiki für Russland ansah: revolutionäres sozialistisches Handeln der Massen. Dies aber, so ihre Auffassung, könne nicht »im Geiste der Bevormundungsmethoden der deutschen Sozialdemokratie seligen Angedenkens durch irgendeine Massensuggestion, durch den blinden Glauben an irgendeine fleckenlose Autorität, sei es der eigenen ›Instanzen‹, oder die des ›russischen Beispiels‹, hervorgezaubert werden« (ebd.). Sie war davon überzeugt:

> »Nicht durch Erzeugung einer revolutionären Hurrastimmung, sondern umgekehrt: nur durch Einsicht in den ganzen furchtbaren Ernst, die ganze Kompliziertheit der Aufgaben, aus politischer Reife und geistiger Selbständigkeit, aus kritischer Urteilsfähigkeit der Massen, die von der deutschen Sozialdemokratie unter verschiedensten Vorwänden jahrzehntelang systematisch ertötet wurde, kann die geschichtliche Aktionsfähigkeit des deutschen Proletariats geboren werden. Sich kritisch mit der russischen Revolution in allen ihren historischen Zusammenhängen auseinanderzusetzen, ist die beste Schulung der deutschen wie der internationalen Arbeiter für die Aufgaben, die ihnen aus der gegenwärtigen Situation erwachsen.« (Ebd.)

Fassen wir also zusammen: Während das Hauptmotiv von Luxemburgs Schrift »Zur russischen Revolution« die Propagierung der Leistung der Bolschewiki ist, durch die richtigen Losungen das eigenständige revolutionäre Handeln der Massen anzustacheln und auszurichten, ist es das zweite Motiv ihres Werks, die Bolschewiki genau dort zu kritisieren, wo deren Politik nach Auffassung von Rosa Luxemburg diesem Ziel entgegensteht. Höchste Bewunderung für die historische Leistung der Bolschewiki wie härteste Kritik an ihnen haben ein und denselben Maßstab. Beim Sozialismus geht es für Rosa Luxemburg immer vor allem um das

Eine: »Die ganze Volksmasse muss daran teilnehmen.« (GW 4: 360) Dieser Maßstab bildet den *gemeinsamen* Grundton des gesamten Werkes, umfasst beide Motive – das der Würdigung der Bolschewiki wie das der Kritik an ihnen.

Während der erste lange Teil der Luxemburgschen Schrift sich der Würdigung der Bolschewiki widmet, konzentrieren sich die Abschnitte III und IV auf die Kritik. Drei zentrale Punkte stehen im Mittelpunkt: erstens die Agrarreform, zweitens die Proklamation des Selbstbestimmungsrechts von Nationen einschließlich des Sonderfriedens mit Deutschland sowie drittens die »Erdrückung der Demokratie« (GW 4: 352). Die ersten zwei Punkte sind zusammengefasst im Abschnitt III, der dritte Punkt im Abschnitt IV; und beide haben fast genau den gleichen Umfang. Es sind die Sätze zwei und drei der Luxemburgschen Symphonie »Zur russischen Revolution«.

Zu wenig Sozialismus, zu wenig Demokratie
Luxemburgs Kritik an den Bolschewiki (siehe Laschitza 1990) ist durch eine Merkwürdigkeit gekennzeichnet: Zunächst werden die Bolschewiki für eine Politik kritisiert, mit der diese die Spannungen zwischen ihrer Regierung und Volksbewegungen reduzieren wollen, und es werden Vorschläge gemacht, die – so muss man annehmen – genau umgekehrt den Widerstand gegen die Bolschewiki verstärkt hätten. Und dann wird den Bolschewiki eine radikale politische Demokratisierung empfohlen, die doch die Gefahr erhöhen musste, dass die Bolschewiki ihre mühsam gewonnene Macht geradezu zwangsläufig verloren hätten. Die beiden Abschnitte stehen in einem, so scheint es, unversöhnlichen logischen Widerspruch. Betrachten wir diesen Widerspruch näher.

Im Abschnitt III von Luxemburgs Schrift werden die Bolschewiki für ihre Agrar- und Nationalitätenpolitik kritisiert. Rosa Luxemburg wandte sich dagegen, dass das Land den Bauern zur privaten Nutzung zugeteilt wird und die unterdrückten Völker des Russischen Reiches das Recht auf nationale Selbständigkeit erhalten. Weder will sie privates Eigentum stärken noch nationalstaatliche Abgrenzung. Rosa Luxemburg wusste natürlich, dass die von ihr kritisierte Politik der Bolschewiki eine ganz »vorzügliche Taktik« zur »Befestigung der proletarisch-sozialistischen Regierung« (GW 4: 342) war bzw. darauf zielte, »die vielen fremden Nationalitäten ... an die Sache der Revolution« (GW 4: 348) zu fesseln. In beiden Fällen wurde dem Drängen großer Teile der Bevölkerung, sei es der Bauernschaft, sei es der Finnen, Esten, Letten, Georgier usw. nachgegeben. Und auch der »Frieden« von Brest-Litowsk erwuchs vor allem aus der Unfähigkeit der Bolschewiki, die Soldaten weiter für den Krieg zu mobilisieren. Jede andere Politik hätte – so zumindest Lenins Sicht – entweder die Machtergreifung der Bolschewiki unmöglich gemacht oder ihr schnelles Ende befördert. Warum dann aber Luxemburgs so entschiedene Kritik daran?

Man kann mit einer bestimmten Berechtigung sagen, dass für Rosa Luxemburg der Machterhalt der Bolschewiki weniger wichtig war als die Ehrenrettung der Linken. Die wirkliche Macht des Sozialismus war für sie ideeller Natur. Besser sei, so meines Erachtens ihre in dieser Schärfe unausgesprochene Auffassung, den Untergang des bolschewistischen Russlands hinzunehmen, als erneut Verrat an den sozialistischen Idealen zu üben, wie er 1914 durch die rechte Sozialdemokratie geübt worden sei, besser vor allem für die Aussichten der in ihren Augen alles entscheidenden sozialistischen Revolution in Deutschland. Angesichts der Möglichkeit, dass die bolschewistische Regierung in ihrer im Herbst 1918 fast hoffnungslosen Lage zu einem Bündnis mit dem deutschen Kaiserreich bereit sein könnte, um ihre Macht zu sichern, schrieb sie:

> »Russland war der einzige, letzte Winkel, wo revolutionärer Sozialismus, Reinheit der Grundsätze, ideale Güter noch einen Kurs hatten, wohin sich die Blicke aller ehrlichen sozialistischen Elemente in Deutschland wie in ganz Europa richteten, um sich von dem Ekel zu erholen, den die Praxis der westeuropäischen Arbeiterbewegung hervorruft, um sich mit Mut zum Ausharren, mit Glauben an ideelle Werke, an heilige Worte zu wappnen. Mit der grotesken ›Paarung‹ zwischen Lenin und Hindenburg wäre die moralische Lichtquelle im Os-

ten verlöscht.« (GW 4: 390) Wer so schreibt, wer derart an das Absolute appelliert, dem geht es um alles oder nichts.

Obwohl Luxemburg um den politischen Sinn der Leninschen Politik wusste, empfahl sie den Bolschewiki eine Strategie, die diese in einen tiefen Gegensatz zur Bevölkerung, insbesondere zu den Bauern, Soldaten und der Peripherie des früheren Zarenreichs hätte bringen müssen. Sie ging davon aus, dass jeder reale Schritt sozialistischer Politik den Weg nicht »verrammeln« bzw. »abschneiden« dürfe, der zum Sozialismus führt (GW 4: 343). Und dieser Sozialismus bestand für sie eindeutig in der Vorherrschaft des gesellschaftlichen Eigentums als Grundlage von Gemeinschaftlichkeit und Solidarität der Völker im Rahmen eines einheitlichen Sowjetstaates. »Umwege« der Stärkung des bäuerlichen Privateigentums oder der nationalen Selbständigkeit von Völkern, die schon lange Teil der von Russland beherrschten Wirtschaftsräume und Märkte waren, akzeptierte sie nicht. In den Kleineigentümern und den neuen kleinen »Nationalstaaten« sah sie die geborenen Bündnispartner von Imperialismus und Konterrevolution (siehe GW 4: 344f., 350).

Im zweiten Satz ihre Symphonie, wenn man bei der Metapher bleibt, empfahl Rosa Luxemburg den Bolschewiki eine prinzipienfeste kommunistische Politik der Zentralisation und Konzentration der ökonomischen wie politischen Macht und zwar im Gegensatz zu der – wie sie es selbst nennt – »spontanen Bewegung der Bauernschaft« (GW 4: 344) wie der »bürgerlichen und kleinbürgerlichen Klassen« (GW 4: 348) der unterdrückten Nationen. Sie sah die Gründe der Bolschewiki im taktischen Interesse des Machterhalts und ging davon aus, dass diese »Berechnung leider gänzlich fehlgeschlagen« (ebd.) sei. Dies hat sich historisch so nicht bestätigt.

Interessanter aber als diese Tatsachen ist es für den hier zu erörternden Zusammenhang, dass Rosa Luxemburg zwar im zweiten Satz ihrer Symphonie Schritte vorschlug, die einen Gegensatz der Bolschewiki zu den großen Massen des bäuerlichen Russlands und seiner Peripherie hervorgerufen hätten, im dritten Satz hingegen aber dann genau jene Mittel auf das Entschiedenste ablehnte, mit denen die Bolschewiki versuchten, ihre Macht angesichts der sowieso schon vorhandenen Gegensätze zu stabilisieren – die Diktatur und den Terror. Sie schien zu glauben, dass beides zugleich möglich ist, eine Politik, die unmittelbar auf die Vergesellschaftung der Produktionsmittel und die Einheit der Völker in einem Staat zielt, *und* eine umfassende Demokratisierung (siehe GW 4: 363).

Während Rosa Luxemburg jede Besonderung der Interessen in der Ökonomie als Stärkung des Privateigentums ansah, während sie jede Abtrennung von Völkern aus imperialen Gebilden, in denen diese ökonomisch integriert waren, als Spaltung der Arbeiterklasse betrachtete, während sie jedem Bündnis mit der in- oder ausländischen Bourgeoisie den Kampf ansagte, wollte sie Freiheit der Meinungsäußerung, der Versammlung, der Wahlen auch für die erklärten Feinde der sozialistischen Regierung und betont mit aller Rigorosität: »Ohne allgemeine Wahlen, ungehemmte Presse- und Versammlungsfreiheit, freien Meinungskampf erstirbt das Leben in jeder öffentlichen Institution« und es entstehe »die Diktatur einer Handvoll Politiker« (GW 4: 362), die sie dann auch noch als »bürgerlich« charakterisiert, weil es die »Diktatur für eine Handvoll Personen« (ebd.) sei. Sie begründete dies, indem sie auf ihre Weise den Gegensatz Diktatur oder Demokratie auflöste:

> »Das Proletariat kann, wenn es die Macht ergreift, nimmermehr nach dem guten Rat Kautskys unter dem Vorwand der ›Unreife des Landes‹ auf die sozialistische Umwälzung verzichten und sich nur der Demokratie widmen, ohne an sich selbst, an der Internationale, an der Revolution Verrat zu üben. Es soll und muss eben sofort sozialistische Maßnahmen in energischster, unnachgiebigster, rücksichtslosester Weise in Angriff nehmen, also Diktatur ausüben, aber Diktatur der *Klasse*, nicht einer Partei oder einer Clique, Diktatur der Klasse, d.h. in breitester Öffentlichkeit, unter tätigster ungehemmter Teilnahme der Volksmassen, in unbeschränkter Demokratie.« (GW 4: 362f.)

Die erhoffte Harmonie der Kontrapunkte: Sozialismus und Freiheit

Wie aber soll dies vereinbar sein: Gebrauch der »eisernen Hand« der »proletarischen Diktatur«, wenn es um die Unterdrückung aller Sonderinteressen geht, die nicht mit denen eines so verstandenen Sozialismus unmittelbar zusammenfallen, *und* »freie, ungehemmte Presse«, »ungehindertes Vereins- und Versammlungsleben« (GW 4: 358), eine »unnachgiebige und rücksichtslose« Umwälzung und »unbeschränkte Demokratie«?

Es scheint: Rosa Luxemburg wollte das Unmögliche. Kontradiktorisch stehen sich die Abschnitte III und IV oder der zweite und dritte Satz ihrer »Symphonie« gegenüber: Unterdrückung jeder sozialen und nationalstaatlichen Pluralität »im Keime« *und* höchster Lobgesang politischer Freiheit; Kampf gegen alle private Landnahme und die Lostrennung von Russland mit »eiserner Hand« *und* eine größtmögliche Förderung einer unbeschränkten politischen Freiheit und der Demokratie als der »lebendigen Quellen allen geistigen Reichtums und Fortschritts« (GW 4: 360).

Rosa Luxemburg vermochte für sich die genannten Gegensätze zu vereinen. Die Kontrapunkte stimmen bei ihr am Ende zusammen und erzeugen durch ihre spezifische Gegenbewegung die wirkliche Harmonie. Diese vorgestellte Vereinigung war ihr aber nur möglich, weil sie davon ausging, dass die Arbeiter und die Massen gerade in der alltäglichen Praxis, bei den »tausend Problemen« des Aufbaus des Sozialismus, im »ungehemmten, schäumenden Leben« (ebd.) sich schnell verändern würden: »Soziale Instinkte anstelle egoistischer; Masseninitiative anstelle der Trägheit; Idealismus, der über alle Leiden hinwegbringt usw. usf.« (GW 4: 361) würden sich herausbilden. Und sie nahm an, dass diese Instinkte und Initiativen sowie dieser Idealismus in genau jene Richtung weisen würden wie die von ihr propagierte sozialistische Politik. Deshalb konnte sie auch annehmen, dass ein Höchstmaß an Freiheit zugleich ein Höchstmaß an Einsicht in die Richtigkeit des Sozialismus als einer Gesellschaft des vergesellschafteten Eigentums, der Interessenidentität, des Internationalismus und Friedens erzeugt.

Aber auch umgekehrt schien Rosa Luxemburg anzunehmen: Indem die bäuerlichen Massen auch mit Gewalt an der privaten Landnahme gehindert und damit zu gemeinsamer Produktion gezwungen werden, indem die Völker des Russischen Reiches nicht in die Selbständigkeit entlassen, sondern »mit eiserner Hand« in einem politischen und Wirtschaftsraum gehalten werden, indem Arbeiter in einer Fabrik, die gesellschaftliches Eigentum ist, einem zentralen Plan unterworfen werden, entstehe zugleich auch der Raum für jene Erfahrungen, die zur Bejahung des Sozialismus führen und in seine freie Unterstützung und enthusiastische Verteidigung münden würden.

Freie Selbstbetätigung der Massen und Sozialismus als Gesellschaft des Gemeineigentums fallen bei Rosa Luxemburg zusammen. Führung ist vor allem Fähigkeit, dieses Zusammenfallen aktiv zu befördern. Unterdrückung Andersdenkender und Terror waren für sie die Todfeinde des Sozialismus, weil sie in ihren Augen mit der Unterdrückung des eigenständigen Handelns der Massen zugleich auch die eigentlichen Akteure jeder Durchsetzung sozialistischer Notwendigkeiten unterdrücken. Die Möglichkeit, dass die freie Selbstbestimmung sich dauerhaft gegen ihre Vorstellung von Sozialismus als Gesellschaft, gegründet auf dem unmittelbaren Gemeineigentum der Gesellschaft an den Produktionsmitteln richten könnte, hat Luxemburg nicht in Betracht gezogen.

Anders als Lenin und Kautsky ging Rosa Luxemburg gerade nicht davon aus, dass spontan vor allem Überzeugungen entstehen, die vom Sozialismus wegführen würden, sodass sozialistische »Bewusstheit« von außen in die Arbeiterklasse hineingetragen werden müsse. Sie nahm an, dass die eigene Praxis der Arbeiter und werktätigen Massen direkt zum Sozialismus hinführen würde – vorausgesetzt, es ist eine freie und auf eigenem Handeln gegründete Praxis und nicht Bevormundung und nicht Manipulation; vorausgesetzt auch, es ist die wirkliche Gemeinsamkeit von Produktion und Leben gegeben. Sozialismus ist für sie keine zentral geplante Maschine, sondern Leben, freie Eigentätigkeit freier Menschen auf der Basis unmittelbarer Gemeinschaftlichkeit. Würde es tatsächlich eine solche Entsprechung zwischen den unmittelbaren praktischen Erfahrungen und einer staatlich vergesellschafteten Wirtschaft geben, dann, aber eben auch nur dann wären Parteiendiktatur und Terror nicht nur moralisch falsche, sondern auch machtpolitisch verfehlte Mittel, wie Rosa Luxemburg immer wieder betonte. Was sie nicht erkannte, war, dass Sozialismus, sofern er mit einer zentralisiert verwalteten Gemeinwirtschaft identifiziert wird, im tiefsten Widerspruch zu dem selbständigen Handeln der Massen steht. Die allgemeinen Voraussetzungen ihrer dem Marxismus der Zweiten Internationale entnommenen Annahmen über den Sozialismus hat sie jedoch nie kritisch reflektiert, sondern nur konkret problematisiert.

Rosa Luxemburgs Kritik an den Bolschewiki ist in meinen Augen einerseits eine Kritik vom Standpunkt eines vorgefertigten Bildes, wie Sozialismus auszusehen habe, nämlich einer Gesellschaft des einheitlichen Gemeineigentums. Andererseits ist es Kritik vom Standpunkt einer Bewegung, die ihre ganze Kraft aus der Entwicklung der Handlungsmacht der Unterdrückten selbst beziehen soll und erst dabei jene Kriterien aufstellt, nach denen sie sich richten kann bei ihren Entscheidungen. Dieser Widerspruch zwischen verselbständigter Idee und lebendiger Bewegung prägte ihr gesamtes Werk und blieb bis zu ihrem gewaltsamen Ende unaufgelöst. Damit stand sie ganz inmitten jener Bewegung, für die galt, dass die Befreiung der Arbeiter die Sache der Arbeiter selbst sein müsse, und in der doch die Bevormundung oder sogar Unterdrückung dieser Arbeiter prägend wurde.

9. Die Novemberrevolution – ein gewaltsam abgebrochener Neubeginn

> *»Das Wesen der sozialistischen Gesellschaft besteht darin, dass die große arbeitende Masse aufhört, eine regierte Masse zu sein, vielmehr das ganze politische und wirtschaftliche Leben selbst lebt und in bewusster freier Selbstbestimmung lenkt.«* (GW 4: 444)

Sozialismus als Tagesaufgabe

Im August und September 1918 wurde offensichtlich, dass Deutschland den Krieg verloren hatte. Österreichs Armeen brachen zusammen. Die Westalliierten, nun mit Unterstützung der USA, begannen eine Großoffensive auf die sogenannte Hindenburglinie, in die sie am 27. September einbrachen. Die Oberste Heeresleitung drängte auf Vorschlag Erich Ludendorffs auf einen Waffenstillstand und auf politische Reformen. Ohne diese war ein Waffenstillstand nicht zu bekommen. Der Reichstag wurde informiert über das Unvorstellbare – die Kapitulation Deutschlands (Haffner 1969: 39). Es war der Konsens von oben kontrollierter halbherziger Reformen, der die Eliten des deutschen Kaiserreichs, die Führung der SPD eingeschlossen, in dieser Stunde der selbst verschuldeten politisch-militärischen Niederlage zusammenschweißte. Und Rosa Luxemburg schrieb aus dem Gefängnis:

> »Diesmal, zum ersten Mal in der Geschichte, gibt sich eine Partei, die sich sozialdemokratisch nennt, dazu her, bei sichtbar nahender Katastrophe der bestehenden Klassenherrschaft den Retter in der Not zu spielen, durch Scheinreformen und Scheinerneuerung dem herannahenden Volkssturm den Wind aus den Segeln zu nehmen, die Massen im Zaum zu halten.« (GW 4: 394)

Ganz aber konnte der Sturm nicht aufgehalten werden. Viel zu lange wurde am Kaiser festgehalten, bei »Scheinreformen« verblieben, der Krieg nicht gestoppt. Auslöser der Revolution war der Befehl, einen großen Angriff der Seekriegsflotte gegen die doppelt so starke britische Navy zu starten. In Kiel brach ein Aufstand aus. Die Matrosen sahen sich auf Seite der Regierung und fühlten sich verraten. Von Kiel breitete sich der Aufstand schnell über das Reich aus. Am 6. November forderte dann auch Friedrich Ebert den Rücktritt des Kaisers. Ihm werden durch den damaligen Reichskanzler von Baden in seinen Erinnerungen die Worte zugeschrieben: »Wenn der Kaiser nicht abdankt, dann ist die soziale Revolution unvermeidlich. Ich aber will sie nicht, ja, ich hasse sie wie die Sünde.« (zitiert in Baden 2011: 599f.) Am Morgen des 9. November marschierten die Berliner Arbeiter ins Stadtzentrum, und die in Berlin stationierten Truppen verbrüderten sich mit ihnen. Die Revolution war eine Tatsache geworden. Philipp Scheidemann rief für die SPD – gegen den erklärten Willen Friedrich Eberts, der an der Monarchie festhalten wollte – die Republik aus. Karl Liebknecht proklamierte kurz darauf vom Berliner Schloss aus die sozialistische Republik.

Am 7. November hatte Rosa Luxemburg endlich die Mitteilung erhalten, sie sei nun frei. Es dauerte aber bis zum 10. November, dass sie in Berlin ankam und sofort die Redaktion der »Roten Fahne«, der Zeitung des Spartakusbundes, übernahm. Wie früher schon setzte sie vor allem auf Führung durch Überzeugung. 140 Druckseiten umfassen ihre Artikel, programmatischen Schriften und Reden in diesen 68 Tagen, die ihr blieben, verfasst neben der ungeheuren organisatorischen Arbeit und der Vielzahl der Beratungen. Immer noch wurde keine Trennung von der USPD vollzogen, obwohl die Differenzen in der Machtfrage (Räte vs. Nationalversammlung) unübersehbar waren. Luxemburg wollte weiter den Kontakt zu den Arbeitermassen nicht verlieren, die zu SPD und USPD hielten (siehe Laschitza 2002: 589).

In ihren »Handschriftlichen Fragmenten«, die sie noch im Gefängnis verfasst hatte, suchte sich Luxemburg über die entstandene Situation und die Aufgaben klar zu werden, die sich in der zu erwartenden »Sturmperiode« (GW 7.2: 1036) einer Revolution ergeben würden:

> »Jetzt kommt die Zeit der Rechnungen u. der Abrechnungen. Das Prol[etariat] muss vor allem mit sich selbst abrechnen, In-

> ventar aufnehmen, Rück- u. Ausschau halten. Nach drei Richtungen wendet sich der Gedanke: 1. In die Vergangenheit, um die Frage nach dem *Warum* zu beantworten. 2. Nach der Russischen Revolution, um ihre Lehren zu sichten. 3. In die Zukunft, um die durch den Krieg geschaffene neue Situation u. die aus ihr sich ergebenden Aussichten u. Aufgaben des Soz[ialismus] zu schauen.« (GW 7.2: 1092)

Es waren diese drei Aufgaben, die auch ihre Agenda nach der Freilassung aus dem Gefängnis bestimmten.

Als die »Rote Fahne« am 18. November nach einer Zwangspause (es fehlten eine Druckerei und Papier) wieder erscheinen konnte, entwickelte Luxemburg in einem Artikel unter dem Titel »Der Anfang« das Konzept des Spartakusbundes für die nächsten Schritte. Ihre Hauptthese: Die Abschaffung der Monarchie war nichts als das Niederreißen der Fassade für die Herrschaft der imperialistischen Bourgeoisie, der kapitalistischen Klassenherrschaft. Die eigentliche Aufgabe stünde noch bevor:

> »Aus dem Ziel der Revolution ergibt sich klar ihr Weg, aus der Aufgabe ergibt sich die Methode. Die ganze Macht in die Hände der arbeitenden Masse, in die Hände der Arbeiter- und Soldatenräte, Sicherung des Revolutionswerks vor seinen lauernden Feinden: dies ist die Richtlinie für alle Maßnahmen der revolutionären Regierung.
>
> Jeder Schritt, jede Tat der Regierung müsste wie ein Kompass nach dieser Richtung weisen: Ausbau und Wiederwahl der lokalen Arbeiter und Soldatenräte …
>
> ständige Tagung dieser Vertretungen der Masse und Übertragung der eigentlichen politischen Macht aus dem kleinen Komitee des Vollzugsrates in die breitere Basis des A.-u. S.-Rates;
>
> schleunigste Einberufung des Reichsparlaments der Arbeiter und Soldaten, um die Proletarier ganz Deutschlands als Klasse, als kompakte politische Macht zu konstituieren und hinter das Werk der Revolution als ihre Schutzwehr und ihre Stoßkraft zu stellen;

> unverzügliche Organisierung [...] der ländlichen Proletarier und Kleinbauern ...;
> Bildung einer proletarischen Roten Garde zum ständigen Schutze der Revolution ...;
> Verdrängung der übernommenen Organe des absolutistischen militärischen Polizeistaates von der Verwaltung, Justiz und Armee;
> sofortige Konfiskation der dynastischen Vermögen und Besitzungen sowie des Großgrundbesitzes ...;
> sofortige Einberufung des Arbeiterweltkongresses nach Deutschland, um den sozialistischen und internationalen Charakter der Revolution scharf und klar hervorzukehren, denn in der Internationale, in der Weltrevolution des Proletariats allein ist die Zukunft der deutschen Revolution verankert.« (GW 4: 397f.)

Der Spartakusbund wollte die Arbeiter- und Soldatenräte dauerhaft als zentrales Machtorgan einsetzen und sah die Nationalversammlung als einen »Umweg«, der die Bourgeoisie stärken und aus einer möglichen sozialistischen Revolution schlicht eine bürgerlich-demokratische Revolution machen würde (siehe GW 4: 409). Dafür waren Luxemburg und ihre Genossinnen und Genossen auch bereit, den Bürgerkrieg in Kauf zu nehmen:

> »Der ›Bürgerkrieg‹, den man aus der Revolution mit ängstlicher Sorge zu verbannen sucht, lässt sich nicht verbannen. Der Bürgerkrieg ist nur ein anderer Name für Klassenkampf, und der Gedanke, den Sozialismus ohne Klassenkampf, durch parlamentarischen Mehrheitsbeschluss einführen zu können, ist eine lächerliche kleinbürgerliche Illusion.« (GW 4: 408)

Solche Positionen aber waren hoffnungslos in der Minderheit, selbst in den Arbeiter- und Soldatenräten.[14] Für die Arbeiter und Soldaten war die SPD gemeinsam mit der USPD das Symbol der

---
[14] Unter den 489 Abgeordneten des Ersten Allgemeinen Kongresses der Arbeiter- und Soldatenräte am 16. Dezember 1918 waren 289 von der SPD,

Einheit der Arbeiterklasse. Sie unterstützten eine Politik der Suche nach einem Kompromiss und wollten unbedingt einen Bürgerkrieg verhindern. Widerstand gegen die Reichsregierung unter Ebert gab es erst dann, als deutlich wurde, dass diese zur gewaltsamen Entwaffnung der Revolution griff – im Zusammenhang mit der Absetzung des Polizeipräsidenten von Berlin, des linken USPD-Mitglieds Emil Eichhorn, Anfang 1919.

Luxemburg wie die Führung des Spartakusbundes aber waren zu keinem Kompromiss bereit. Der Vorschlag der USPD, die Wahlen zur Nationalversammlung hinauszuschieben und zunächst wichtige durchgreifende Maßnahmen der Sozialisierung durchzuführen, wurde abgelehnt und ein Entweder-Oder konstruiert (siehe GW 4: 427). Ob es eine realistische Chance für ein Drittes gegeben hätte, bleibt offen. Es war eine Differenz mit tödlichem Ausgang.

Die Radikalisierung war so weit fortgeschritten, dass Luxemburg in dieser Zeit nicht mehr auf ihr 1905/06 entwickeltes Konzept einer längeren Doppelherrschaft von revolutionärer Provisorischer Regierung und Verfassungsgebender Versammlung zurückkam. Doch ihrer Radikalisierung und der des Spartakusbundes entsprach Ende 1918 keine Radikalisierung der kriegsmüden Massen. Gerade vor dem Hintergrund der Entwicklung in Russland fürchteten sie, »eine zu weit getriebene Revolution würde zu neuem Blutvergießen, Chaos und Unsicherheit führen« (Laschitza 1998: 123).

Die programmatische Erneuerung und die Gründung der KPD
Neben der täglichen Arbeit bei der Herausgabe der *Roten Fahne* und der Unzahl von Beratungen in den hektischen Wochen des November und Dezember 1918 schrieb Rosa Luxemburg auch den Entwurf für das Programm des Spartakusbundes, Grundlage damit auch für das Programm der KPD, die zum Jahreswechsel 1918/19 gegründet wurde. Unter der Überschrift »Was will der Spartakusbund?« findet sich die Quintessenz ihres programma-

---

80 von der USPD und nur 10 von den Spartakisten und Internationalen Kommunisten (Brandt 2009; siehe auch Rürup 1994; Schmidt 1988: 106).

tisch-strategischen Ansatzes dieser Zeit. Diese Schrift ist ihr wichtigstes politisches Vermächtnis und erschien am 14. Dezember in der *Roten Fahne*. Hier ist es ihr noch einmal gelungen: Sprachliche Brillanz, analytische Schärfe, Radikalität des Denkens und ein großer Hoffnungshorizont bilden eine Einheit.

Luxemburgs Programmentwurf ist klar gegliedert. Den ersten Teil bildet die Deutung der strategischen Situation, der Epoche als Handlungsraum. Der zweite Teil fasst ihre Auffassungen zum Sozialismus zusammen. Der dritte Teil formuliert die wichtigsten Ziele, die der Spartakusbund verfolgte. Deutlich wird die Abgrenzung gegenüber SPD und auch USPD sowie gegenüber den Bolschewiki. Der vierte und fünfte Teil umfassen ein Bekenntnis zum Internationalismus und drücken das Selbstverständnis des Spartakusbundes aus.

Die Epochenalternative: Sozialismus oder Barbarei

Es war das gemeinsame Verständnis vieler Sozialistinnen und Sozialisten im Herbst 1918, dass das Ende des vierjährigen Weltkrieges auch das Ende des Kapitalismus in Europa sei. Die Zerstörungen schienen so umfassend, die Delegitimation der herrschenden Kreise von Wirtschaft und Politik derart total, die Wut und der Veränderungswille im Volk lange aufgestaut, dass nichts anderes als der totale Bruch möglich schien. Rosa Luxemburg rückte im Programm des Spartakusbundes die These ins Zentrum, dass Kapitalismus zwangsläufig in Barbarei münde. Kapitalismus war für sie nicht vor allem ein ökonomisches Problem, nicht nur ein Herrschaftssystem, das Ausbeutung und Krieg zur Folge hat. Es sei vor allem ein System, das die Zivilisation zerstört und mit der kulturellen Entwicklung der Menschheit nicht zu vereinbaren ist. Auf knapp zwei Seiten, in zehn Absätzen, jeder einzelne Satz verdichtet, fasste sie ihre Deutung zusammen. Die Alternative wird mit aller Sprachgewalt auf den Punkt gebracht:

> »Der Weltkrieg hat die Gesellschaft vor die Alternative gestellt: entweder Fortdauer des Kapitalismus, neue Kriege und baldigster Untergang im Chaos und in der Anarchie oder Abschaffung der kapitalistischen Ausbeutung. Mit dem Ausgang

> des Weltkrieges hat die bürgerliche Klassenherrschaft ihr Daseinsrecht verwirkt. Sie ist nicht mehr imstande, die Gesellschaft aus dem furchtbaren wirtschaftlichen Zusammenbruch herauszuführen, den die imperialistische Orgie hinterlassen hat... Sozialismus ist in dieser Stunde der einzige Rettungsanker der Menschheit. Über den zusammen sinkenden Mauern der kapitalistischen Gesellschaft lodern wie ein feuriges Menetekel die Worte des kommunistischen Manifests: *Sozialismus oder Untergang in der Barbarei!*« (GW 4: 442f.)

Luxemburgs Kapitalismuskritik zeichnete sich dadurch aus, dass sie den Maßstab von Zivilisation, eines würdigen und reichen Lebens für alle, von Frieden, Sicherheit, Bewahrung einer Vielfalt der Kulturen und ihrer solidarischen Ko-Entwicklung ins Zentrum rückte. Blickt man hinter die damals gängigen marxistischen Formulierungen, entdeckt man diese weite Sicht, an die Ernst Bloch später direkt anknüpfen konnte.

Sozialismus als freie Selbstbestimmung

Mit dem Ausbruch der Novemberrevolution stand für Luxemburg in Deutschland die sozialistische Revolution auf der Tagesordnung. Die Nebelwand der Zukunft, von der Marx 1881 an den Sozialisten Nieuwenhuis schrieb (MEW 35: 160), hatte sich verzogen. Sozialismus war zur Gegenwartsfrage geworden. Schon in der 1905er-Revolution war Luxemburg damit konfrontiert gewesen.

In ihrem »Kommentar zum Programm der Sozialdemokratie des Königreichs Polen und Litauens« von 1906 hatte sie Positionen entwickelt, die ihr Grundverständnis einer sozialistischen Gesellschaft sehr genau wiedergeben. Die »*Hauptgrundlagen*« der sozialistischen Gesellschaftsordnung seien klar:

> »Es genügt, dass wir wissen, dass sie auf dem gesellschaftlichen Eigentum an allen Produktionsmitteln beruhen wird und dass nicht jeder einzelne Produzent auf eigene Faust, sondern die ganze Gesellschaft und deren gewählte Organe die Produktion leiten werden, damit wir die Schlussfolgerung ziehen können,

dass die künftige Ordnung weder Mangel noch müßiggängerischen Überfluss, weder Krisen noch Ungewissheit über den morgigen Tag kennen wird. Mit der Beseitigung des Verkaufs der Arbeitskraft an private Ausbeuter verschwindet die Quelle aller heutigen sozialen Ungleichheit.« (GW 2: 43)

Auch in ihren ökonomischen Schriften und Vorlesungen hatte sie den Charakter des Sozialismus als einer auf dem Gemeineigentum beruhenden Ordnung immer wieder hervorgehoben und die Anknüpfungspunkte an vorkapitalistische Wirtschaftsweisen unterstrichen (siehe z.B. GW 7.1: 213). Warenaustausch und des Geldes bedürfe es nur dort, wo die Produktion nicht gesellschaftlich organisiert sei (GW 7: 494ff.).

Im zweiten Teil des Programms des Spartakusbundes entwickelte Luxemburg ein Verständnis von Sozialismus, das radikal auf eines setzte: die Selbsttätigkeit der von kapitalistischer Lohnabhängigkeit befreiten Menschen. Wieder waren es zehn Absätze, die diesen Grundgedanken mit stets neuen Akzenten ausführten. Nicht nur die Übernahme der politischen Macht, sondern auch die Gestaltung der neuen sozialistischen Verhältnisse müsse »das Werk der Arbeiterklasse selbst sein« (GW 4: 445). Die Gedanken aus dem kurz zuvor entstandenen Artikel zu »Sozialisierung der Gesellschaft« wurden aufgegriffen:

»Die Proletariermassen müssen lernen, aus toten Maschinen, die der Kapitalist an den Produktionsprozess stellt, zu denkenden, freien, selbsttätigen Lenkern dieses Prozesses zu werden. Sie müssen das Verantwortungsgefühl wirkender Glieder der Allgemeinheit erwerben, die Alleinbesitzerin alles gesellschaftlichen Reichtums ist. Sie müssen Fleiß ohne Unternehmerpeitsche, höchste Leistung ohne kapitalistische Antreiber, Disziplin ohne Joch und Ordnung ohne Herrschaft entfalten. Höchster Idealismus im Interesse der Allgemeinheit, straffste Selbstdisziplin, wahrer Bürgersinn der Massen sind für die sozialistische Gesellschaft die moralische Grundlage, wie Stumpfsinn, Egoismus und Korruption die moralische Grundlage der kapitalistischen Gesellschaft sind.« (Ebd.)

Luxemburg stellte nicht die hierarchisch organisierte Großproduktion, nicht die perfekte Bürokratie und auch nicht die ausgefeilten demokratischen Regeln eines umfassenden Rätesystems in den Vordergrund. Planung und Disziplin, Arbeitswille und Leistung gehörten für sie unbedingt zu einer sozialistischen Gesellschaft. Aber sie sind nur die unverzichtbaren Bedingungen für etwas anderes – für die Verwandlung des sozialen Ganzen in einen lebendigen Zusammenhang lebendiger Menschen, die ihre eigenen Angelegenheiten in offener Diskussion und durch demokratische Entscheidung regeln.

Das Wie bleibt offen. Es ist eher ein Appell: In »ständiger, lebendiger Wechselwirkung zwischen den Volksmassen und ihren Organen, den A.- und S.-Räten« [den Arbeiter- und Soldatenräten – M.B.] soll die Tätigkeit der Menschen »den Staat mit sozialistischem Geiste erfüllen« (GW 4: 444). An dieser Stelle fällt dann auch Luxemburgs bleibende Definition von Sozialismus als einer Gesellschaft des Reiches der Freiheit, nicht frei von harter Arbeit, nicht frei von Selbstdisziplin und Kontrolle, auch nicht frei von den Mühen der Demokratie und den Gefährdungen dieser Freiheit, aber gestaltbar als Raum gemeinsam geteilter Freiheit. Sozialismus als die den Menschen gemäße, weil lebendigste, weil freieste Form des Werdens – dies ist ein Horizont, der dem Sozialismus Zukunft geben könnte!

Die nächsten Aufgabe in der Revolution

Der dritte Abschnitt des Programms des Spartakusbundes beginnt mit einer längeren Einleitung, bevor dann die konkreten Forderungen aufgelistet werden. Zunächst erfolgt eine klare Abgrenzung nicht von Gewalt, sondern von Terror. Luxemburg hatte sich schon vorher sehr kritisch gegen die Anwendung von staatlich organisiertem Terror durch die Bolschewiki gewandt. Sie sah zudem in der Identifikation des Spartakusbundes mit dieser Politik der Bolschewiki eine große Bedrohung für die eigene Wirksamkeit. Terror war für sie weder Anwendung von Gewalt in bewaffneten Auseinandersetzungen noch die Strafverfolgung von jenen, die sich einer revolutionären Gesetzlichkeit aktiv widersetzen. Unter Terror fasste sie den Mord oder die Verfolgung von Wehrlosen als Mittel der politischen Abschreckung. Die Verfolgung Unschuldiger, die Verhaftung und Erschießung wegen abweichender Auffassungen lehnte sie strikt ab. Terror gegen einzelne Führungspersönlichkeiten eines autoritären Regimes, wie das des Zarismus oder im Ersten Weltkrieg gegen Repräsentanten des Habsburger Reiches, sah sie als ein durchaus *legitimes*, aber oft nicht *opportunes* Mittel des Widerstandes an (siehe u.a. GW 1.2: 276f., 521, GW 6: 362, GW 7: 1064).

Für Luxemburg war die bolschewistische Diktatur genau deshalb bürgerlich, weil sie eine »Diktatur einer Handvoll Personen« (GW 4: 362) war, und dies ganz unabhängig von den verfolgten Zielen, und bürgerlich war in ihren Augen auch der Terror der Bolschewiki. Luxemburg schaute nicht vor allem auf die mehr oder minder guten Absichten, sondern auf die angewandten Mittel der Politik:

> »In den bürgerlichen Revolutionen waren Blutvergießen, Terror, politischer Mord die unentbehrliche Waffe in der Hand der aufsteigenden Klassen. Die proletarische Revolution bedarf für ihre Ziele keines Terrors, sie hasst und verabscheut den Menschenmord. Sie bedarf dieser Kampfmittel nicht, weil sie nicht Individuen, sondern Institutionen bekämpft, weil sie nicht mit naiven Illusionen in die Arena tritt, deren Enttäuschung sie zu rächen hätte. Sie ist kein verzweifelter Versuch einer Minderheit, die Welt mit Gewalt nach ihrem Ideal zu modeln, sondern die Aktion der großen Millionenmasse des Volkes, die berufen ist, die geschichtliche Mission zu erfüllen und die geschichtliche Notwendigkeit in Wirklichkeit umzusetzen.« (GW 4: 445)

Rosa Luxemburg war gewiss keine »Prophetin der Gewaltlosigkeit«, aber sie war dafür, dass revolutionäre Gewalt nur auf der Grundlage eines erklärten Willens der übergroßen Mehrheit, zumindest der Arbeiterklasse, ausgeübt wird. Sie sah darin zugleich auch die Bedingung, diese Gewaltanwendung zu minimieren und nicht aus einer Minderheitsposition heraus zu Mitteln des Terrors zu greifen, um die reale Schwäche durch Brutalität zu kompensieren: Gewalt in der offenen Schlacht ja, feiges Hinschlachten Wehrloser nein.

Erst *nach* dieser einleitenden Abgrenzung vom organisierten Terror folgte in Luxemburgs programmatischer Schrift die Betonung der Aufgabe, jeden Widerstand »mit eiserner Faust, mit rücksichtsloser Energie (GW 4: 446) zu brechen. Auch dies setzt Luxemburgs Linie fort, die sie schon in der ersten russischen Revolution zur Geltung gebracht hatte. Ihre Orientierung auf revolutionäre Gewalt, auf den Bürgerkrieg als Form des Klassenkampfes, in dem die alte Klasse *als Klasse* unterdrückt und enteignet wird, war in ihren Augen unvereinbar mit Terror gegen Menschen. Politik sollte hart in der Sache sein und human, wenn es um Menschen geht.

Das Sofortprogramm einer sozialistischen Regierung der Arbeiter- und Soldatenräte, das Rosa Luxemburg im Dezember 1918 entwickelte, ging aus von einer Entwaffnung der Konterrevolution und dem Aufbau von Arbeitermilizen sowie der durchgreifenden Ersetzung der Beamten des Kaiserreichs durch Vertrauenspersonen der Räte. Außerdem sollte ein Revolutionstribunal »die beiden Hohenzollern, Ludendorff, Hindenburg, Tirpitz und ihre Mitverbrecher, sowie alle Verschwörer der Gegenrevolution« (GW 4: 448) aburteilen. Zweitens sollte die Macht der Arbeiter- und Soldatenräte auf Dauer gestellt werden. Sie griff Vorschläge einer radikalen Demokratisierung auf, die sich an Regeln der Pariser Kommune mit ihrem imperativen Mandat und der ständigen Abrufbarkeit von Abgeordneten orientierten. Die tägliche Höchstarbeitszeit sollte auf sechs Stunden verkürzt werden. In einem dritten Schritt wurden die nächsten wirtschaftlichen Forderungen skizziert. Sie reichten von der Konfiskation aller dynastischen Vermögen und Einkünfte über die Annullierung öffentlicher Schulden, eine Landreform mit Enteignung aller landwirtschaftlichen Groß- und Mittelbetriebe, die Überführung aller Großbetriebe in Eigentum der Republik. Dies alles mit dem Ziel, dass die Arbeiterinnen und Arbeiter perspektivisch selbst die Leitung der Produktion übernehmen.

Das Selbstverständnis des Spartakusbundes
Im Programm des Spartakusbundes formulierte Luxemburg auch noch einmal ihr Parteiverständnis, und dies in engster Anlehnung an das »Kommunistische Manifest« von Marx und Engels und in Abgrenzung zu den Bolschewiki:

> »Der Spartakusbund ist keine Partei, die über der Arbeitermasse oder durch die Arbeitermasse zur Herrschaft gelangen will. Der Spartakusbund ist nur der zielbewussteste Teil des Proletariats, der die ganze breite Masse der Arbeiterschaft bei jedem Schritt auf ihre geschichtlichen Aufgaben hinweist, der in jedem Einzelstadium der Revolution das sozialistische Endziel und in allen nationalen Fragen die Interessen der proletarischen Weltrevolution vertritt.« (GW 4: 450) Wenig später sprach sie davon, der Spartakusbund müsse der »richtungsweisende Kompass«, der »vorwärtstreibende Keil« (GW 4: 480) der Revolution sein.

Die Diskussion um das Selbstverständnis der politischen Kraft, die Luxemburg und ihre Genossinnen und Genossen in der Revolution zu formen suchten, entbrannte noch einmal – auf dem Gründungsparteitag der KPD. Der Bruch mit der USPD wurde vollzogen. Jetzt stimmte auch Luxemburg zu. In der Frage des Namens für die neue Partei, sie schlug Sozialistische Arbeiterpartei vor, konnte sie sich nicht durchsetzen. Es gab den Grundkonsens, mit der sozialdemokratischen Tradition eines »Wahlvereins«, so Hugo Eberlein, zu brechen und eine »revolutionäre Kampforganisation« zu werden. Die zentrale taktische Frage war, ob die KPD sich an den Wahlen zur Nationalversammlung beteiligen sollte. Die Mehrheit der Delegierten lehnte dies ab.

In ihrer Rede zur Frage der Beteiligung an den Wahlen stellte Luxemburg die »Schulung« der Massen ins Zentrum: »Ich sage Ihnen, gerade dank der Unreife der Massen ... ist es der Gegenrevolution gelungen, die Nationalversammlung als ein Bollwerk gegen uns aufzurichten. Nun führt der Weg durch dieses Bollwerk hindurch.« (GW 4: 483) Doch dieses Bollwerk erwies sich als sehr hartnäckig: Waren die Räte Ende 1918 eher auf der Linie der SPD, so hatten schon 1920 die sozialdemokratischen Kräfte der Novemberrevolution (SPD und USPD) keine Mehrheit mehr im Reichstag. Rosa Luxemburg ging von einer ganz anderen Tendenz aus. Nur dann, so betonte sie, wenn die übergroße Mehrheit der Bevölkerung eine sozialistische Umwälzung unterstützen würde, könne die Macht übernommen werden, dann aber eben nicht primär mit den Mitteln des Bajonetts, sondern vor allem mit denen der Demokratie.

Die Erfahrungen der Revolutionen von 1917 und 1918 führten Rosa Luxemburg auch über den Gegensatz von Revolution und Reform hinaus. Angesichts der Schwäche der Linken suchte sie im Dezember 1918 nach alternativen Wegen der Sozialisierung und griff den Gedanken der Räte auf. Auch unter den Bedingungen der weitgehend gescheiterten Revolution wollte sie diesen neuen Weg der Selbstorganisation und Selbstverwaltung nicht aufgeben, der sich, so hoffte sie, jenseits des alten Bündnisses von Sozialdemokratie und Gewerkschaften entwickeln könne:

> »Heute müssen wir uns auf das System der Arbeiterräte konzentrieren, müssen die Organisationen nicht durch Kombination der alten Formen, Gewerkschaft und Partei, zusammengeschlossen, sondern auf ganz neue Basis gestellt werden. Betriebsräte, Arbeiterräte, und weiter aufsteigend, ein ganz neuer Aufbau, der nichts mit den alten, überkommenen Traditionen gemein hat.« (GW 4: 487)

Anstelle eines Generalangriffs schlug Rosa Luxemburg eine Strategie der Schaffung von Elementen der neuen Gesellschaft im Schoße der alten Gesellschaft vor:

> »Wir ... müssen uns die Frage der Machtergreifung vorlegen als die Frage: Was tut, was kann, was soll jeder Arbeiter- und Soldatenrat in ganz Deutschland? Dort liegt die Macht, wir müssen von unten aus den bürgerlichen Staat aushöhlen, indem wir überall die öffentliche Macht, Gesetzgebung und Verwaltung nicht mehr trennen, sondern vereinigen, in die Hände der Arbeiter- und Soldatenräte bringen.« (GW 4: 511)

Damit konnte die Frage von Reform und Revolution neu gestellt werden: Sozialistische Umwälzung wird nicht mehr ausschließlich als »Tag der Entscheidung« gedacht, sondern als Prozess, der durch Veränderung von Kräfteverhältnissen, von Macht- und Eigentumsstrukturen, von institutionellen Innovationen, von über den Kapitalismus hinausweisenden Reformen heute und hier beginnen *kann*.

Der Berliner Januaraufstand und der Regierungsterror

Die Strategie der Spartakisten war nicht auf eine unmittelbare Machtergreifung aus einer Minderheitenposition gerichtet. Wie der Stabschef General Groener später bemerkte: »Herr Liebknecht und Genossen haben Weihnachten gefeiert und haben sich in den Tagen, da in Berlin das mindeste an Truppen war, vollkommen ruhig verhalten« (zitiert in Ettinger 1990: 290f.). Die Spartakisten bemühten sich um die Aufklärung der Arbeiter und um die Bildung einer eigenen Partei. Doch die Reichsregierung strebte eine schnelle Klärung der Machtverhältnisse an. Der gleiche Groener schrieb später: »Mit Beginn des Jahres 1919 durften wir uns zutrauen, in Berlin zuzupacken und zu säubern. Alle Maßnahmen jetzt und später erfolgten in engstem Einvernehmen mit der Heeresleitung, aber die Leitung und die Verantwortung von Regierung und Volk trug der bald zum Reichswehrminister ernannte Noske, der, den Fußstapfen Eberts folgend, ein festes Bündnis mit den Offizieren einging.« (zitiert in Laschitza 2002: 617)

Der Aufstand vom Januar 1919 ging nicht aus dem Entschluss der KPD-Führung hervor. Auslöser war die Entlassung des Berliner Polizeipräsidenten Emil Eichhorn durch den preußischen Ministerpräsidenten Hirsch. Dies wurde als Provokation angesehen. Die große Massendemonstration Berliner Arbeiterinnen und Arbeiter am 5. Januar und die Annahme, dass ein Aufstand breiten militärischen Rückhalt habe, lösten eine Eigendynamik aus. Während Liebknecht den Aufstand unterstützte, forderte Leo Jogiches die Distanzierung, und Luxemburg ging dazu über, ihn zu unterstützen, solange sie darin den erklärten Willen der Mehrheit der Berliner Arbeiter sah (siehe Winkler 1993: 57). Ottokar Luban kommt in einer Studie auf der Basis einer umfangreichen und differenzierten Quellenauswertung zu dem Schluss: »Trotz ihrer illusionären Überschätzung der revolutionären Aktionsbereitschaft der proletarischen Massen und der vollständig unangemessen scharfen Angriffe auf die nicht mit gleicher Radikalität agitierenden anderen sozialistischen Führer wurde die Spartakusführerin niemals zur ›blutigen Rosa‹, nie zu einer putschistischen oder gar terroristischen Politikerin, sondern Rosa Luxemburg hat ihre demokratischen Grundsätze – auf dem Boden des Rätesystems, nicht der parlamentarischen Demokratie – während des Januaraufstandes 1919 voll aufrechterhalten.« (Luban 2001: 35) Besonders tragisch war, dass sie genauso wie die gesamte KPD-Führung und die Berliner revolutionären Obleute die Massenbewegung Berliner Arbeiter auf die Einigung von unten, zur Vereinigung von SPD, USPD und KPD sowie zur Neuwahl der Arbeiterräte als bloße Manipulation durch die »Zentristen« der USPD missverstand (ebd.: 19f.).

Der Aufstand in Berlin wurde am 12. Januar 1919 niedergeschlagen. Es war eine völlige Niederlage, die zu einer Demobilisierung der Arbeiterinnen und Arbeiter und zu einem Macht- und Legitimationsverlust der revolutionären Obleute, den eigentlichen treibenden Akteuren der revolutionären Machtveränderung am 9. November 1918 in Berlin, führten. Eine Welle des Terrors setzte ein. Wehrlose wurden erschossen, Gefangene ermordet (siehe Jones 2017). Gezielt wurde Jagd auf die Führer der KPD gemacht.

Karl Liebknecht und Rosa Luxemburg wurden am 15. Januar von der sogenannten Bürgerwehr in Berlin-Wilmersdorf verhaftet, ins Eden-Hotel gebracht und dann auf Befehl von Hauptmann Pabst, der sich bei Noske rückversichert hatte, ermordet. Wie einer der Täter später gestand: »Die Ereignisse dieses Abends spielten sich wie im Rausch ab. Wir hatten vier Jahre einander getötet, es kam auf einen mehr nicht an.« (zitiert in Hannover/Hannover-Drück 1979: 139) Am 10. März 1919 ermordete ein Kriminalwachtmeister Leo Jogiches in der Untersuchungshaft. Dieser hatte versucht, die Morde an Luxemburg und Liebknecht aufzuklären. Verzweifelt begann Paul Levi seine

Totenrede auf Karl Liebknecht und Rosa Luxemburg am 2. Februar mit den Worten: »Es ist, als ob die Erde nicht satt würde des Blutes. Sie hat vier Jahre lang Blut getrunken, Blut um Blut.« (Levi 1919: 3)

Bei ihrer Verhaftung hatte Rosa Luxemburg sich Goethes »Faust« eingesteckt. Sie hoffte vielleicht, dass ihr erneut nur Gefängnis bevorstand. Und doch war sie bereit, auch »auf dem Posten« zu sterben. Sie war erst 48 Jahre alt. Ihre dreißigjährige Suche nach revolutionärer Realpolitik, die Kapitalismus, Kolonialismus, Rassismus und Krieg ein Ende setzen sollte, blieb unabgeschlossen. Ihre Feinde versagten Rosa Luxemburg die elementarste Menschlichkeit und brachten sie zum Schweigen.

Literatur

Die besten Biografien zu Rosa Luxemburg sind von Peter Nettl (1967) und Annelies Laschitza (2002). Neu erschienen ist eine Biografie von Ernst Piper (2018). Lesenswert sind auch heute die Darstellungen von Luise Kautsky (1929) und Paul Frölich (1990), die Luxemburg noch gekannt hatten. Eine brillante umfangreiche Einführung, verbunden mit ausgewählten Texten, gibt Jörn Schütrumpf (2018). Wer sich mit Luxemburgs ökonomischem Werk beschäftigen will, kommt nicht an den Bänden vorbei, die von Ingo Schmidt (2013) und von Judith Dellheim und Frieder Otto Wolf (2016) herausgegeben wurden. Wer genauer über die polnische Dimension ihres Schaffens informiert werden will, findet dazu die beste deutschsprachige Einsicht bei Holger Politt (2012, 2015). Die internationale Diskussion wird vor allem durch die Konferenzen der Internationalen Rosa-Luxemburg-Gesellschaft widergespiegelt (Bergmann et al. 1995; Bergmann/Haible 1997; Das Argument 1997; Ito et al. 2002, 2007, 2010). Ein bemerkenswertes »Sammeln« von Elementen für eine kritische Neulektüre nach dem Zusammenbruch des Staatssozialismus hat Reinhard Hoßfeld vorgenommen (1993). Einen wichtigen Beitrag zur Luxemburg-Rezeption stellt das Buch des Projekts Klassenanalyse (1975) dar.

Anton, Bernward (2018): Wolfgang Heine und die »Erfindung« der Burgfriedenspolitik. In: Schöler, Uli/Scholle, Thilo (Hrsg.), Weltkrieg. Spaltung. Revolution: Sozialdemokratie 1916–1922. Bonn, 73-85.
Arendt, Hannah (1989): Rosa Luxemburg. In: Dies., Menschen in finsteren Zeiten. München, 43-68.
Arendt, Hannah (1995): Elemente und Ursprünge totaler Herrschaft. München.
Baden, Prinz Max von (2011): Erinnerungen und Dokumente. Hamburg.
Beckert, Sven (2014): King Cotton. Eine Globalgeschichte des Kapitalismus. München.
Bellofiore, Riccardo (2010): »Like a candle burning at both ends«. Rosa Luxemburg and the critique of political economy. libcom.org.
Bergmann, Theodor/Haible, Wolfgang (Hrsg.) (1997): Reform – Demokratie – Revolution. Zur Aktualität von Rosa Luxemburg. Supplement der Zeitschrift »Sozialismus« 5/1997. Hamburg.
Bergmann, Theodor/Rojahn, Jürgen/Weber, Fritz (Hrsg.) (1995): Die Freiheit der Andersdenkenden. Rosa Luxemburg und das Problem der Demokratie. Hamburg.
Bernstein, Eduard (1897): Probleme des Sozialismus. Eigenes und Über-

setztes von Eduard Bernstein. 1. Allgemeines über Utopismus und Eklektizismus. In: Die Neue Zeit, 15 (6), 164-171.
Bernstein, Eduard (1898): Der Kampf der Sozialdemokratie und die Revolution der Gesellschaft. 2. Die Zusammenbruchs-Theorie und die Kolonialpolitik. In: Die Neue Zeit, 18 (1), 548-557.
Bernstein, Eduard (1900): Der Socialismus und die Colonialfrage. In: Socialistische Monatshefte, 6 (9), 549-562.
Bernstein, Eduard (1969): Die Voraussetzungen des Sozialismus und die Aufgaben der Sozialdemokratie. Reinbek bei Hamburg.
Brandt, Peter (2009): Der historische Ort der deutschen Revolution von 1918/19. In: Globkult, Text abrufbar unter: www.globkult.de/geschichte/entwicklungen/482-der-historische-ort-der-deutschen-revolution-von-191819.
Brangsch, Lutz (2009): »Der Unterschied liegt nicht im Was, wohl aber im Wie«. Einstiegsprojekte als Problem von Zielen und Mitteln linker Bewegungen. In: Brie, Michael (Hrsg.), Radikale Realpolitik. Plädoyer für eine andere Politik. Berlin, 39-51.
Brie, Michael (2011): Der Fall Millerand – Regierungsbeteiligung der Sozialisten als Testfall marxistischer Staatstheorie. In: Brie, Michael/Haug, Frigga (Hrsg.), Zwischen Klassenstaat und Selbstbefreiung. Zum Staatsverständnis von Rosa Luxemburg. Baden-Baden, 33-61.
Brie, Michael (2016): A Critical Reception of Accumulation of Capital. In: Dellheim/Wolf, London, 261-303.
Bucharin, Nikolaj I. (1969): Imperialismus und Weltwirtschaft. Frankfurt a.M.
Caysa, Volker (2017): Rosa Luxemburg – die Philosophin. Leipzig.
Cliff, Tony (1969): Studie über Rosa Luxemburg. Berlin.
Das Argument (Hrsg.) (1997): Die Linie Luxemburg – Gramsci. Zur Aktualität und Historizität marxistischen Denkens. Berlin.
Dellheim, Judith (2016): From »Accumulation of Capital« to Solidarity Based Ways of Life. In: Dellheim/Wolf, London, 305-338.
Dellheim, Judith/Wolf, Frieder Otto (Hrsg.) (2016): Rosa Luxemburg: A Permanent Challenge for Political Economy. On the History and the Present of Luxemburg's »Accumulation of Capital«. London.
Dunayevskaya, Raya (1981): Rosa Luxemburg, Women's Liberation, and Marx's Philosophy of Revolution. New Jersey.
Eichhorn, Wolfgang (2001): Über Eduard Bernstein und Rosa Luxemburg. In: Kinner, Klaus/Seidel, Helmut (Hrsg.), Rosa Luxemburg. Historische und aktuelle Dimensionen ihres theoretischen Werkes. Berlin, 297-304.
Engels, Friedrich (1849): Der demokratische Panslawismus. In: MEW, Bd. 6. Berlin, 270-286.

Engels, Friedrich (1850): Der deutsche Bauernkrieg. In: MEW, Bd. 7. Berlin, 327-413.
Engels, Friedrich (1892): Vorwort [zur zweiten polnischen Ausgabe (1892) des »Manifests der Kommunistischen Partei«]. In: MEW, Bd. 22. Berlin, 282-283.
Engels, Friedrich (1895a): Brief an Karl Kautsky vom 1. April 1895. In: MEW, Bd. 39. Berlin, 452.
Engels, Friedrich (1895b): Einleitung [zu Karl Marx' »Klassenkämpfe in Frankreich 1848 bis 1850«]. In: MEW, Bd. 22. Berlin, 509-527.
Ettinger, Elżbieta (1990): Rosa Luxemburg. Ein Leben. Bonn.
Foucault, Michel (2010): Der Mut zur Wahrheit. Vorlesung am Collège de France 1983/84. Frankfurt a.M.
Frölich, Paul (1990): Rosa Luxemburg. Gedanke und Tat. Berlin.
Geide, Peter (1995): Rosa Luxemburg und die Weimarer Linke. In: Soden, Kristine von (Hrsg.), Rosa Luxemburg. Berlin, 138-143.
Gioia, Vittantonio (1989): Rosa Luxemburg und Antonio Gramsci: Zur ökonomischen Entwicklung im Monopolkapitalismus. In: Die Linie Luxemburg – Gramsci. Zur Aktualität und Historizität marxistischen Denkens. Argument Sonderband AS 159, 33-50.
Haffner, Sebastian (1969): Die deutsche Revolution 1918/19. Bern.
Hannover, Heinrich/Hannover-Drück, Elisabeth (Hrsg.) (1979): Der Mord an Rosa Luxemburg und Karl Liebknecht. Dokumentation eines politischen Verbrechens. Frankfurt a.M.
Haug, Frigga (2013): Was bringt es, Herrschaft als Knoten zu denken? In: Brie, Michael (Hrsg.), Am Herrschaftsknoten ansetzen. Symposium zum 75. Geburtstag von Frigga Haug. Berlin, 8-13.
Haug, Wolfgang Fritz (2001): Revolutionärer Determinismus. Notiz zum Fokus der Luxemburgschen Dialektik. In: Kinner, Klaus/Seidel, Helmut (Hrsg.), Rosa Luxemburg. Historische und aktuelle Dimensionen ihres theoretischen Werkes. Berlin, 53-65.
Haug, Wolfgang Fritz (2015): Marxistsein/Marxistinsein. In: Haug, Wolfgang Fritz/Haug, Frigga/Jehle, Peter/Küttler, Wolfgang (Hrsg.), Historisch-kritisches Wörterbuch des Marxismus, Bd. 8/II. Hamburg, 1965-2026.
Heraklit (2011): Fragmente. In: Marciano, Laura Gemelli (Hrsg.), Die Vorsokratiker. Band 1. Griechisch – Deutsch. Berlin, 284-329.
Hetmann, Frederik (1998): Eine Kerze, die an beiden Seiten brennt. Freiburg.
Hilferding, Rudolf (1947): Das Finanzkapital. Eine Studie über die jüngste Entwicklung des Kapitalismus. Berlin.
Hirsch, Helmut (1969): Rosa Luxemburg. Reinbek.
Hobsbawm, Eric J. (1989): The Age of Empire, 1875-1914. New York

(dt.: Das imperiale Zeitalter 1875-1914, Franfurt a.M. 2004).
Hobson, John Atkinson (1968): Der Imperialismus. Köln.
Hoßfeld, Reinhard (1993): Rosa Luxemburg oder Die Kühnheit des eigenen Urteils. Aachen.
Hudis, Peter (2014): The Dialectic of the Spatial Determination of Capital: Rosa Luxemburgs Accumulation of Capital Reconsidered. In: International Critical Thought, 4 (4), 474-490.
Ito, Narihiko/Bergmann, Theodor/Hochstadt, Stefan/Luban, Ottokar (Hrsg.) (2007): China entdeckt Rosa Luxemburg: Internationale Rosa-Luxemburg-Gesellschaft in Guangzhou am 21./22. November 2004. Berlin.
Ito, Narihiko/Laschitza, Annelies/Luban, Ottokar (Hrsg.) (2002): Rosa Luxemburg im internationalen Diskurs: Internationale Rosa-Luxemburg-Gesellschaft in Chicago, Tampere, Berlin und Zürich. Berlin.
Ito, Narihiko/Laschitza, Annelies/Luban, Ottokar (Hrsg.) (2010): Rosa Luxemburg. Ökonomische und historisch-politische Aspekte ihres Werkes: Internationale Rosa-Luxemburg-Gesellschaft in Tokio, April 2007, und Berlin, Januar 2009. Berlin.
Jens, Walter (1995): Rosa Luxemburg. Weder Poetin noch Petroleuse. In: Soden, Kristine von (Hrsg.), Rosa Luxemburg. Berlin, 6-17.
Jones, Mark (2017): Am Anfang war Gewalt. Die deutsche Revolution 1918/19 und der Beginn der Weimarer Republik. Berlin.
Kalecki, Michal (2003): Essays on the Theory of Economic Fluctuations. New York.
Kant, Immanuel (1903): Prolegomena zu einer jeden künftigen Metaphysik, die als Wissenschaft wird auftreten können. In: Gesammelte Schriften, Bd. IV. Berlin, 253-384.
Kautsky, Karl (1911): Finanzkapital und Krisen. In: Die Neue Zeit, 29, 22-25, 764-772, 797-804, 874-883.
Kautsky, Karl (1914): Der Imperialismus. In: Die Neue Zeit, 32 (2), 908-922.
Kautsky, Luise (1929): Rosa Luxemburg. Ein Gedenkbuch. Berlin.
Laschitza, Annelies (1990): Vorwort. In: Institut für Geschichte der Arbeiterbewegung (Hrsg.), Rosa Luxemburg und die Freiheit der Andersdenkenden. Extraausgabe des unvollendeten Manuskripts »Zur russischen Revolution« und anderer Quellen zur Polemik mit Lenin. Zusammengestellt und eingeleitet von Annelies Laschitza. Berlin, 7-32.
Laschitza, Annelies (1998): Die Welt ist so schön bei allem Graus. Rosa Luxemburg im internationalen Diskurs. Leipzig.
Laschitza, Annelies (2002): Im Lebensrausch, trotz alledem. Rosa Luxemburg. Eine Biographie. Berlin.

Laschitza, Annelies (2014): Vorwort. In: Gesammelte Werke, Bd. 6. Berlin, 19-66.
Laschitza, Annelies (2016): Vorwort. In: Gesammelte Werke, Bd. 7. Berlin, 7-72.
Laschitza, Annelies/Radczun, Günter (1971): Rosa Luxemburg. Ihr Wirken in der deutschen Arbeiterbewegung. Berlin.
Lenin, Wladimir I. (1903): Die nationale Frage in unserem Programm. In: Werke, Bd. 6. Berlin, 452-461.
Lenin, Wladimir I. (1904): Ein Schritt vorwärts, zwei Schritte zurück (Die Krise in unserer Partei). In: Werke. Bd. 7. Berlin, 197-430.
Lenin, Wladimir I. (1905): Sozialdemokratie und provisorische revolutionäre Regierung. In: Werke. Bd. 8. Berlin, 267-285.
Lenin, Wladimir I. (1913a): Drei Quellen und drei Bestandteile des Marxismus. In: Werke, Bd. 19. Berlin, 3-9.
Lenin, Wladimir I. (1913b): Kritische Bemerkungen zur nationalen Frage. In: Werke. Bd. 20. Berlin, 3-37.
Lenin, Wladimir I. (1914): Über das Selbstbestimmungsrecht der Nationen. In: Werke. Bd. 20. Berlin, 395-461.
Lenin, Wladimir I. (1916): Der Imperialismus als höchstes Stadium des Kapitalismus. Gemeinverständlicher Abriss. In: Werke. Bd. 22. Berlin, 189-309.
Levi, Paul (1919): Karl Liebknecht und Rosa Luxemburg zum Gedächtnis. Rede bei der Trauerfeier am 2. Februar 1919 im Lehrer-Vereinshaus zu Berlin. Berlin.
Levi, Paul (1990): Einleitung zu »Die Russische Revolution. Eine kritische Würdigung. Aus dem Nachlass von Rosa Luxemburg«. In: Institut für Geschichte der Arbeiterbewegung (Hrsg.), Rosa Luxemburg und die Freiheit der Andersdenkenden. Extraausgabe des unvollendeten Manuskripts »Zur russischen Revolution« und anderer Quellen zur Polemik mit Lenin. Zusammengestellt und eingeleitet von Annelies Laschitza. Berlin, 177-231.
Löwy, Michael (1989): Der Urkommunismus in den ökonomischen Schriften von Rosa Luxemburg. Für eine romantisch-revolutionäre Geschichtsauffassung. In: Die Linie Luxemburg – Gramsci. Zur Aktualität und Historizität marxistischen Denkens. Argument Sonderband AS 159, 140-146.
Luban, Ottokar (2001): Die ratlose Rosa. Die KPD-Führung und der Berliner Januaraufstand – Legende und Wirklichkeit. Supplement der Zeitschrift Sozialismus 1-2001, Hamburg.
Luxemburg, Rosa (2015): Zur Konstituante und zur Provisorischen Regierung. In: Kinner, Klaus/Neuhaus, Manfred (Hrsg.), Im Licht der Revolution. Zwei Texte von Rosa Luxemburg aus dem Jahre 1906 und

Paralipomena zu Leben und Werk. Leipzig, 15-54.
Luxemburg, Rosa (2016): Herbarium. Herausgegeben von Evelin Wittich und mit einem Vorwort von Holger Politt. Berlin.
Luxemburg, Rosa/Jogiches, Leo (2015): Die politischen Aufgaben der polnischen Arbeiterklasse (1893). In: Enkelmann, Dagmar/Weis, Florian (Hrsg.), »Ich lebe am fröhlichsten im Sturm« (Rosa Luxemburg). 25 Jahre Rosa-Luxemburg-Stiftung: Gesellschaftsanalyse und politische Bildung. Hamburg, 20-25.
Mandel, Ernest (1986): Rosa Luxemburg und die deutsche Sozialdemokratie. In: Mandel, Ernest/Radek, Karl (Hrsg.), Rosa Luxemburg. Leben – Kampf – Tod. Frankfurt a.M., 46-66.
Marx, Karl (1859): Zur Kritik der Politischen Ökonomie. Vorwort. In: MEW, Bd. 13. Berlin, 7-11.
Marx, Karl (1864): Provisorische Statuten der Internationalen Arbeiter-Assoziation. In: MEW, Bd. 16. Berlin, 14-16.
Marx, Karl (1880): [Einleitung zum Programm der französischen Arbeiterpartei]. In: MEW, Bd. 19. Berlin, 238.
Marx, Karl (1881): Brief an Ferdinand Domela Nieuwenhuis vom 22. Februar 1881. In: MEW, Bd. 35. Berlin, 159-161.
Marx, Karl (1890): Das Kapital. Kritik der politischen Ökonomie. Erster Band. In: MEW, Bd. 23. Berlin.
Marx, Karl/Engels, Friedrich (1872): Vorwort [zum »Manifest der Kommunistischen Partei« (deutsche Ausgabe 1872)]. In: MEW, Bd. 18. Berlin, 95-96.
Nettl, Peter (1967): Rosa Luxemburg. Köln.
Neusüß, Christel (1985): Die Kopfgeburten der Arbeiterbewegung oder die Genossin Luxemburg bringt alles durcheinander. Hamburg.
Oelßner, Fred (1951): Rosa Luxemburg. Eine kritische biographische Skizze. Berlin.
Papcke, Sven (1979): Der Revisionismusstreit und die politische Theorie der Reform. Fragen und Vergleiche. Stuttgart/Berlin/Köln/Mainz.
Parvus, Alexander (1896): Staatsstreich und politischer Massenstreik. In: Die Neue Zeit, (33, 35, 36, 38, 39).
Piper, Ernst (2018): Rosa Luxemburg. Ein Leben. München.
Plechanov, G.V. (1956a): Naši raznoglasija. In: Izbrannye filosofskije proizvodenija. Bd. 1. Moskva, 115-370.
Plechanov, G.V. (1956b): Programma social-demokratičeskoj gruppy »Osvoboždenie truda«. In: Izbrannye filosofskije proizvodenija. Bd. 1. Moskva, 371-376.
Politt, Holger (2012): Rosa Luxemburgs »Krakauer Horizont«. In: Nationalitätenfrage und Autonomie. Berlin, 9-33.
Politt, Holger (2015): Unter Blitz und Donner: Zusammenstoß zweier

Zeitalter. In: Arbeiterrevolution 1905/06. Polnische Texte. Herausgegeben von Holger Politt. Berlin, 9-34.

Politt, Holger (2018): In Zamość wurde die an Rosa Luxemburg erinnernde Gedenktafel entfernt. Text abrufbar unter: brandenburg.rosalux.de/news/id/38646/in-zamosc-wurde-die-an-rosa-luxemburg-erinnernde-gedenktafel-entfernt-ein-kommentar-von-holger-pol/ (Zugriff am 9.11.2018).

Projekt Klassenanalyse (1975): ROSA LUXEMBURG, Die Krise des Marxismus, Westberlin.

Radek, Karl (1986): Leben und Kampf unserer Genossin Rosa Luxemburg. In: Mandel, Ernest/Radek, Karl (Hrsg.), Rosa Luxemburg. Leben – Kampf – Tod. Frankfurt a.M., 10-45.

Rürup, Reinhard (1994): Die Revolution von 1918/19 in der deutschen Geschichte. Text abrufbar unter: www.fes.de/fulltext/historiker/00186001.htm.

Schmidt, Giselher (1988): Rosa Luxemburg. Sozialistin zwischen Ost und West. Göttingen.

Schmidt, Ingo (Hrsg.) (2013): Rosa Luxemburgs »Akkumulation des Kapitals«. Die Aktualität von ökonomischer Theorie, Imperialismuserklärung und Klassenanalyse. Hamburg.

Schütrumpf, Jörn (Hrsg.) (2017): Diktatur statt Sozialismus. Die russische Revolution und die deutsche Linke 1917/18. Berlin.

Schütrumpf, Jörn (2018): Zwischen Liebe und Zorn: Rosa Luxemburg. In: Rosa Luxemburg oder: Der Preis der Freiheit. 3., überarbeitete und ergänzte Auflage. Berlin, 11-100.

Seidemann, Maria (1998): Rosa Luxemburg und Leo Jogiches. Berlin.

Shepardson, Donald E. (1996): Rosa Luxemburg and the Noble Dream. New York.

SPD (1891a): Das Erfurter Programm.

SPD (1891b): Protokoll über die Verhandlungen des Parteitages der Sozialdemokratischen Partei Deutschlands, abgehalten zu Erfurt. Berlin.

Sum, Ngai-Ling/Jessop, Bob (2013): Towards a Cultural Political Economy. Putting Culture in its Place in Political Economy. Northampton.

Trotsky, Leon (1969): The Permanent Revolution and Results and Prospects. New York.

Veerkamp, Ton (2013): Die Welt anders. Politische Geschichte der Großen Erzählung. Hamburg/Berlin.

Vollrath, Ernst (1973): Rosa Luxemburg's Theory of Revolution. In: Social Research, 40 (1), 83-109.

Winkler, Heinrich August (1993): Weimar 1918-1933. Die Geschichte der ersten deutschen Demokratie. München.

VSA: Die hellblauen Bändchen

Elmar Altvater
MARX neu entdecken
Das hellblaue Bändchen zur Einführung in die Kritik der Politischen Ökonomie
144 Seiten | € 9.00
ISBN 978-3-89965-499-8

Elmar Altvater
ENGELS neu entdecken
Das hellblaue Bändchen zur Einführung in die »Dialektik der Natur«
160 Seiten | € 10.00
ISBN 978-3-89965-643-5

Prospekte anfordern!

VSA: Verlag
St. Georgs Kirchhof 6
20099 Hamburg
Tel. 040/28 09 52 77-10
Fax 040/28 09 52 77-50
Mail: info@vsa-verlag.de

Michael Brie
LENIN neu entdecken
Das hellblaue Bändchen zur Dialektik der Revolution & Metaphysik der Herrschaft
160 Seiten | € 12.00
ISBN 978-3-89965-734-0
Lenin als strategischen sozialistischen Denker neu zu entdecken, aus seinem Werk selbst heraus – das ist das Anliegen dieses Bandes.

Michael Brie
POLANYI neu entdecken
Das hellblaue Bändchen zu einem möglichen Dialog von Nancy Fraser und Karl Polanyi
176 Seiten | € 10.00
ISBN 978-3-89965-642-8

www.vsa-verlag.de